일본, 위험한 레트로

일본, 위험한 레트로

발행일 ; 제1판 제1쇄 2022년 12월 5일
지은이 ; 강철구 발행인·편집인 ; 이연대
디렉터 ; 신아람 에디터 ; 이다혜
디자인 ; 권순문 지원 ; 유지혜 고문 ; 손현우
펴낸곳 ; ㈜스리체어스 _ 서울시 중구 한강대로 416 13층
전화 ; 02 396 6266 팩스 ; 070 8627 6266
이메일 ; hello@bookjournalism.com
홈페이지 ; www.bookjournalism.com
출판등록 ; 2014년 6월 25일 제300 2014 81호
ISBN ; 979 11 92572 36 9 03300

북저널리즘은 환경 피해를 줄이기 위해
폐지를 배합해 만든 재생 용지 그린라이트를 사용합니다.

이 책은 2022학년도 배재대학교 교내학술연구비 지원에 의하여 수행된 것입니다.

BOOK
JOURNALISM

일본, 위험한 레트로

강철구

: 그들은 어쩌면 종이를 사용하기 위해 팩스와 도장을 고수하는 것일지도 모른다. 기능과 효율에 관한 비판은 보류하거나 외면한 채, 아날로그적 생활이 일본만의 '문화'라는 관점에 갇혀 있다. 기술과 문화의 영역을 구분하지 못하고 이해와 순응을 미덕으로 여기는 라이프 스타일은, 지금 일본 전반의 디지털 혁신을 방해하고 있다.

차례

프롤로그   한국적 열등감의 근원을 찾아서

2019년 7월 일본이 한국에 무역 보복을 하고 있을 즈음, 필자는 안식년을 맞아 일본의 나고야대학 도서관에서 평소 읽고 싶던 일본 서적들을 뒤적이며 시간을 보내고 있었다. 당시엔 유학 시절 함께 공부했던 친구 중 귀국하지 않고 일본에서 교수로 재직하고 있는 몇 사람을 만나 이야기를 나눌 기회가 종종 있었는데, 그때마다 약간의 거북함을 느꼈다. 그들은 "아직도 한국이 일본에 비해 기술력이 뒤처져 있고 앞으로도 일본을 따라가려면 한참 멀었으며, 그런 점에서 이번 수출 규제는 한국에게 따끔한 맛을 보여 줬다"는 이야기를 서스럼 없이 했기 때문이다.

실제로 한국은 일본에 뒤처져 있는가? 각종 언론은 한국을 여전히 일본을 캐치 업catch up하는 데 급급하던 80~90년대 시절에 묶어 두고 풀어 주지 않는다. 이제는 일본을 부러워하는 사람이 많지 않다는 사실을 인정하고 싶지 않거나, 혹은 변화를 '캐치 업'할 만한 '감'이 떨어진 탓일 수도 있다.

역사는 일견 심리학과 같아서 해석에 따라 자신감과 자존감이 달라지고, 향후 경제적·외교적 성과에서도 그에 따라 큰 차이를 보이게 된다. 현재 우리나라는 세계 10위권의 무역국가인 동시에 OECD와 G20 회원국이며, 전후 해외 원조를 받는 수혜국에서 이제는 원조 공여국으로 바뀐 자타공인 선진국이다. 게다가 최근 케이팝을 비롯한 대중문화뿐만 아니라 서구가 독점하던 클래식과 스포츠 분야에 이르기까지 전방위적으로 이름을 알리고 있다. 그러니 이제는 일본에 대한 패배주의와 비관론에 머물러 있을 필요가 없다. 세계 어디서도 한국을 일본보다 뒤처진 나라라고 손가락질하지 않는데, 오히려 우리는 툭하면 일본과 각종 지표를 비교해 등수가 올라가거나 내려갈 때마다 일희일비하는 모습을 보인다. 올림픽 은메달을 딴 선수가 동메달을 딴 선수보다 불행하다는 말처럼, 우리도 혹시나 일본 앞에서 스스로를 얕잡아 보는 건 아닌지 모르겠다.

혹자는 말할 것이다. 필자의 이야기가 섣부른 결론이라고. 출산율은 전 세계 최하에 자살율은 OECD 국가 1위, 노벨상을 과학 분야에서만 25개나 받은 일본과 달리 평화상 외에는 받지 못한 나라가 바로 한국이라고. 여기에 더하여 일본의 소부장(소재·부품·장비) 산업과의 격차가 아직도 20년 가까이 벌어져 있다는 이야기도 한일 관계를 논할 때마다 어김없이 등장하는 단골손님이다. 그래서 한국이 2019년 7월 일본의 수출 규제 이후 야심차게 내놓은 국산화 정책을 두고 호들갑 떠는 것은, 바닷물에 빗물 몇 방울 떨어진 것에 화들짝 놀라는 것처럼 그저 우리의 위시풀 씽킹wishful thinking일 뿐이라고.

부산 토박이들이 관부선에 올라타 시모노세키와 후쿠

오카에 가서 조지루시 밥솥을 사오던 시대가 불과 20여 년 전이다. 한국은 일본을 도저히 따라갈 수 없다고들 박제된 문장 한마디씩 던지던 시절이었다. 왜? 일본은 우리와 격차가 너무 벌어진 선진국이었고 우리는 막 가난을 벗어난 신흥 국가였으니…. 그렇지만 결국 쿠쿠밥솥이 조지루시를 넘어서지 않았나. 가전제품과 마찬가지로 소부장 산업을 비롯한 여러 산업 분야에서도 조만간 그런 날이 올 것이라 믿는다. 100여 년이 넘는 과학의 시대를 거쳐 온 일본처럼, 우리도 기술력에 있어 시간의 축적이 필요할 뿐이다.

사람이 다수의 그룹에 속할 때 편안함을 느끼는 것은 역사적 담론에서도 마찬가지다. 특정 지식인층이 내린 해석을 추종하는 단체와 세력이 불어날수록 대중은 그에 편승하는 경향을 보인다. 반대 의견을 내는 자는 곧 이단아 취급을 받기 때문이다. 이 책은 '경제학은 심리학이다'라는 명제를 전제로, 일본으로부터 쌓아 온 한국적 패배감의 잔여물을 씻어 내는 데 방점을 두고자 한다. 그 작업의 첫발로 한국과 일본이 동등하거나 비슷한 위치에 서 있는 산업군과 사회 현상을 중심으로 비교했다. 독도 문제나 야스쿠니 신사 참배와 같이 오랜 갈등 속에 놓여 왔고, 앞으로도 관점에 따라 끝없는 다툼이 일어날 수 있는 주제는 잠시 제쳐 두고 말이다.

혹자는 본고가 너무 가볍거나 편향됐다고 비난할지도

모른다. 그러나 이 책을 너무 심각하게 읽지 말라. 고급 양식집에서 나비넥타이를 매고 토론할 내용이 아니라 우동이나 칼국수를 먹으며 양비론을 논할 때 살펴볼 만한 내용이기 때문이다. 반일을 외치거나 애국심을 논하자는 것이 아니다. 한국의 경제 성장에 대한 전문가들의 거친 생각과, 그걸 바라보는 일본 정치인들의 불안한 눈빛, 그걸 지켜보는 일본 국민들이 서서히 많아지고 있음을 주시하고자 한다. 흘러간 유행가 제목처럼 "가까이하기엔 너무 먼" 일본에 대한 역사적 상흔에서 벗어나지 못한 한국인들에게, 지나간 우리의 역사를 이제는 현시점에서 객관화할 필요가 있다고 말하고 싶다.

1 　　　　전자 제품 시장의 갈라파고스화

기울어진 스마트폰 운동장

모노즈쿠리monozukuri, ものづくり. 과거 일본이 자랑했던 '첨단 기술'은 장인 정신의 혼을 담아 정밀하게 작업한다는 이 모노즈쿠리 정신의 결과였다. 반면 오늘날 첨단 기술은 그 의미가 변모했다. 데이터를 디지털화하고 손쉽게 옮기는 정보 통신, 말 그대로 IT 기술과 인프라가 핵심이다. 그런데 일본은 과거의 장인 정신을 고수하며 글로벌 흐름에 대응하기를 포기한 듯, 내수 시장에서 연명하는 업체들이 점점 증가해 왔다. 이러한 일본식 갈라파고스 현상galapagos syndrome을 보여 주는 대표적인 제품이 바로 휴대폰이다.

세계 전자 제품 시장엔 결국 삼성과 애플만 남을 것이라는 우스갯소리가 있다. 2000년대 초반 삼성전자는 언제 어디서나 통화가 잘 된다는 애니콜을 내세워 당시 국내 시장을 장악하던 모토로라를 멀찌감치 앞지르고는 세계 시장에서 절대 강자로 군림해 왔다. 모토로라보다 기술이나 기능 면에서 한참 뒤처진 삼성은 1995년 1월, 불량 휴대폰 15만여 대를 수거한 후 경북 구미사업장 운동장에서 이를 전부 불태워 버리는 '애니콜 화형식'을 치렀다. 무선 전화기 불량률이 무려 11.8퍼센트에 이르던 심각한 상황에서 '화형식'은 대중들에게 삼성의 철저한 자기반성인 동시에 전 임직원들의 마음을 하나로 만드는 굿 퍼포먼스였다. 돈으로 계산하면 500억 원에 이르는 휴대폰이 잿더미로 변했지만, 이를 계기로 삼성은 재도약하며 국내 휴대폰 시장의 선두에 오르게 된다.

이후 양보다 질 위주의 경영을 채택한 삼성은 2006년 10월, 드디어 세계 최초로 1000만 화소의 디지털 카메라 기능을 탑재한 SCH-B600 모델을 출시하며 세계를 놀라게 했다. 80만 원이 넘는 고가의 휴대폰으로 획기적인 광학 줌을 지원했고 ISO나 화이트 밸런스, 측광 방식 등도 직접 설정할 수 있게 한 것이다.

당시 디지털 카메라는 일본이 전자 기술과 광학 기술, 두 가지 첨단 산업을 중심으로 선도하고 있었기 때문에 후발 주자는 기술 트렌드를 따라가기도 어려운 상황이었다. 선두 주자였던 일본조차 휴대폰에 디지털 카메라 기술을 접목할 생각은 하지 못했고, 이후에도 기존 기술을 응용해 휴대폰 시장에 접목하려는 노력은 소극적이었다. 그러다 보니 오늘날 일본 스마트폰의 글로벌 점유율은 거의 전멸 상태다. 내수용 스마트폰 이상의 가치를 갖기 힘들고, 애플의 아이폰과 삼성의 갤럭시가 차지하고 남은 점유율을 얻고자 경쟁하는 정도일 뿐이다.

상황이 이렇다 보니 일본 스마트폰 기업 상위 3사, 소니·FCNT·샤프는 내수 시장에서 분투하고 있다. 대표적인 것이 소니의 엑스페리아폰이다. 2001년 10월 1일, 일본의 소니와 스웨덴의 에릭슨Ericsson은 각각 휴대 전화 사업부를 분리하고 50:50으로 합작한 새로운 브랜드를 출범시켰다. 이것이 바로 소니의 에릭슨이다. 음향 및 영상 기기에서 세계적인 명성을 자랑하던 소니와 휴대 전화 판매량 세계 3위를 차지하던 에릭슨이 시너지 효과를 내기 위해 휴대 전화 사업부를 통합한 것이다. 그러나 이들의 합병은 기대에 미치지 못한 채 삼성전자와 LG전자에도 뒤지며 2009년 세계 시장 점유율은 5퍼센트대로 추락했고, 2010년 스마트폰이 본격적으로 보급된 후에는 세계 6위권으로 밀리는 등 부진을 면치 못했다. 결국 2011년, 소니는 에릭슨의 상표를 포기하는 대가로 잔여 지분 50퍼센트에 해당하는 10억 5000만 유로에 에릭슨을 인수하고 휴대 전화 제품에서 소니 단독 상표를 사용하기로 결정했다.

현재 엑스페리아는 일본 국내의 소니 마니아층을 중심으로 판매되고 있다. 2020년 10월 '엑스페리아5Ⅱ'를, 그리고 2022년 5월 '엑스페리아1Ⅳ'를 출시하며 내수 시장에서는 어느 정도 인기를 누리고 있지만 고가라는 단점으로 해외 시장에서는 대중의 관심을 거의 얻지 못한 상황이다. 더구나 신제품임에도 불구하고 그 내부 사정을 들여다보면 주요 부품은 모두 '메이드 인 코리아'다. 스마트폰용 메모리는 SK하이닉스, 저장 장치인 UFS는 삼성전자, 고화질 디스플레이는

LG전자의 제품이다. 즉 일본의 스마트폰 판매량이 늘어날수록 한국 기업이 돈을 버는 구조다. 한국 시장에서도 소니는 2018년 10월 '엑스페리아 XZ3' 출시를 마지막으로 신제품을 더 내지 못하고 철수했다. 간혹 일본 직구로 엑스페리아를 구매하는 마니아들도 있으나 휴대폰 등록 절차가 번거롭고 삼성과 애플을 뛰어넘을 정도의 매력을 갖추진 못해 소매 매출은 거의 없다고 봐도 무방하다.

다음으로 FCNT의 애로우폰이 있다. 2009년을 기점으로 일본 휴대폰 시장이 피처폰에서 스마트폰으로 전환하는 급격한 변화를 맞이했는데도 현 FCNT의 전신인 후지츠富士通는 여전히 피처폰에 집중했다. 2015년에는 세계 최초의 홍채 인식 휴대폰으로 이름을 떨쳤지만, 시장의 변화를 읽지 못한 결과 2017년 8월 휴대폰 사업을 전면 매각하고는 종료 절차에 돌입하며 자연스럽게 시장에서 퇴출된 것이다. 이후 2021년 4월, 후지츠로부터 완전하게 독립한 FCNT가 스마트폰 'Arrow We' 시리즈를 판매하고 있으나 판매량이 저조하며 피처폰도 여전히 함께 취급하고 있다.

마지막은 샤프의 아쿠오스폰이다. 시초는 샤프의 전자책 단말기이자 전자책 서비스였던 갈라파고스Galapagos라는 브랜드였다. 2010년 7월 20일 샤프가 전자책 분야에 진출했고 동년 9월 27일에 구체적인 제품을 발표했지만, 종이를 향한 일본인들의 사랑 탓에 전자책 단말기 보급은 속도를 내지 못했다. 판매가 부진하자 샤프는 안드로이드를 탑재한 태블릿 컴퓨터 사업으로 방향을 변경했다. 갈라파고스를 론칭할 당시 샤프에는 삼성 갤럭시나 소니 엑스페리아 같은 자체 브랜드가 없었다. 아쿠오스라는 새로운 브랜드를 론칭해 기존 피처폰 형태의 휴대폰을 판매했지만, 과거 스카이SKY로 대변되는 우리나라의 팬택Pantech처럼 내수 시장 중심으로 판매되다 보니 글로벌 시장으로 진출하진 못한 것이다. 이후 샤프는 2021년 6월 아쿠오스 R6를 출시하며 내수 시장에서 인기를 얻은 바 있으나, 실은 2016년 대만 홍하이鴻海 그룹의 폭스콘Foxconn에 인수됐다는 점에서 엄밀히 말하면 샤프를 더 이상 일본 기업으로 보긴 어렵다.

2020년 4월부터 2021년 3월까지 일본 스마트폰 시장의 휴대폰 출하 대수를 살펴보면 스마트폰은 3275.7만 대, 피처폰은 235.3만 대가 팔렸다. 애플은 9년 연속 점유율 1위를 차지하고 있고, 2위는 샤프였지만 홍하이에 인수된 후로는 기존 고객을 제외하고 신규 구매자들은 이제 애플이나 삼성으로 넘어가는 추세다. 이때까지만 해도 일본 휴대폰 시장 점유율 3위에 머물렀던 삼성은 현재 2위로 올라섰다. 다만 한국 브랜드에 대한 부정적인 인식이 강하다 보니 삼성 로고는 제거하고 '갤럭시'라는 브랜드를 부각해서 팔고 있다. 아쉬울 필요는 없는 것이, 일본 언론에선 갤럭시가 삼성의 브랜드라는 것을 보도하고 있어 대부분의 일본인들은 이 사실을 암묵적으로 알고 있다.

2022년 4월 삼성전자가 일본에서 출시한 갤럭시 S22 시리즈가 높은 판매량을 기록하면서 이제는 소니(7.5퍼센트)와 샤프(9.2퍼센트)를 제치고, 1위인 애플에 이어 13퍼센트를 넘는 점유율 2위를 기록하고 있다. 이 점유율은 계속해서 올라가는 추세인데, 그 이유는 일본인들이 고가의 애플 제품을 사기는 부담스럽지만 중국제는 쓰기 싫은 상황에서 가성비 좋은 갤럭시를 선택하기 때문이라는 분석이 많다. 기울어진 운동장에서 축구를 차는 것과 같은 일본 스마트폰 기업은 어떤 행보를 보일까.

이노베이션 딜레마

그렇다면 한때 휴대폰 시장을 선도했던 일본은 왜 글로벌 시장에서 밀린 것일까? 전 세계 최초로 휴대폰에서 인터넷을 구동한 기업은 일본의 NTT 도코모다. 1999년 2월 NTT 도코모는 스마트폰의 원조라고 할 수 있는 아이모드i-mode를 출하했는데, 당시 일본에서 석사 과정을 밟고 있던 필자 역시 NTT 도코모 휴대폰을 사용하며 하루하루 변하는 환율과 날씨 정보를 확인했던 기억이 생생하다. 그러나 애플의 아이폰이 시장에 등장하며 NTT 도코모는 소비자들로부터 외면받기 시작했다. 해외에서는 WAP가 무선 인터넷 서비스의 표준이 됐지만, 아이모드는 국제적인 트렌드를 무시하고 독자적인 무선 인터넷 규격을 만들며 글로벌 시장에서 고립되는 전형적인 일본식 갈라파고스화를 겪은 것이다.

일본은 1억 2600만 인구의 튼튼하고 커다란 내수 시장을 갖춰 자국 업체들끼리 치열한 내수 경쟁을 벌인다. 그러다 보니 장인 정신을 가진 기술자들이 중심이 되어 기존 제품의 품질을 개선해 신제품을 내놓는 구조다. 여기에 더해 섬나라이다 보니 국경 바로 넘어 일본을 기술적으로 위협할 주변국이 없다. 그래서 1등만이 살아남는 가혹한 환경을 만들기보다는 시장에서도 화和를 중시하며 상호 공존하는 일본 특유의 문화를 유지하고 있다. 상당히 까다로운 일본 소비자들의 선택을 받은 내수 시장 1등 제품이 글로벌 시장에도 진출하면서 '메이드 인 재팬'으로 기술력을 인정받고, 그 결과가 다시 내수 시장에서 신뢰도를 높이며 또 한 번 신제품 개발에 돌입하는 선순환 구조가 정착했던 것이다.

그런데 이제는 고도 성장기 일본의 화려했던 선순환 법칙이 일본 전자 업계의 악순환 구조를 만들고 있다. 글로벌 시장이 빠른 디지털 전환digital transformation을 시도하는 환경에서도, 일본은 튼튼한 내수 시장이 떠받쳐 주는 덕분에 매출이 눈에 띄게 감소하지 않았고 기업들은 당장 체감할 만큼의 위기를 느끼지 못했다. 그 결과 스마트폰이 처음 대중화될 때 애플이 일본 시장을 선점했던 것이 오늘날까지 이어져, 현재 일본 스마트폰 시장의 점유율은 애플 제품이 절반 이상을 차지한다. 혹시 디지털 전환이라는 패러다임의 변화를 감지했다 할지라도, 여전히 장인 정신으로 무장한 기술자들은 아날로그 형식을 버리지 않은 채 어떻게든 기존 기술을 개량해서 대응해 보려는 문화를 지속했을 것이다.

오히려 축적된 기술이 별로 없던 한국 기업은 기존 기술을 개선하는 대신 새로운 기술로 대응하며 일본이 내주는 시장을 차지하는 기회를 얻게 됐다. 과거에는 고도 경제 성장을 이룩하며 어떤 기술이든 새롭게 흡수하고 적응해야 했기 때문에, 차라리 일본 기술을 그대로 차용해서 시간을 절약하기 위함도 있었다. 그래서 쌍용중공업이 일본 얀마Yanmar로부터 디젤 엔진에 관한 기술을, 삼성이 샤프로부터 IC 제조 기술을, 롯데가 캐논으로부터 복사기 기술을, 현대전자가 소니로부터 VTR 제조 기술을 전수받았던 것이다.

하버드대학 비즈니스 스쿨의 클레이튼 크리스텐슨Clayton M. Christensen 교수의 이노베이션 딜레마Innovation Dilemma 이론은 후발 기업이 선발 기업을 제치는 상황을 설명한다. 기술적으로는 여전히 시장을 선도하지만 후발 주자에게 따라잡히는 상황, 예를 들어 전자 제품과 반도체 부문에서 선두 주자였던 일본이 한국과 대만의 추격에 따라잡힌 것이 대표적이다. 일본 기업들은 고장이 잘 나지 않는 디램DRAM 기술로 미국과 유럽 기업들을 제치고 반도체 1위 대국으로 부상하면서 고성능, 고품질의 디램만을 고수했으나, PC가 대량 공급되며 시장은 고품질 디램보다는 저가, 저품질의 상품을 요구하는 추세로 전환했다. 여전히 고품질을 추구한 일본 기업들이 가격 경쟁력을 갖추지 못해 시장에서 물러난 것은 예상된 수순이었다.

"첫 출시 제품에 부끄러운 것(하자)이 없다면, 그건 출시가 늦어버렸다는 증거다."

실리콘 밸리에서 당연시되는 말이다. 그런데 일본은 부끄러운 것이 있으면 절대 시장에 내놓지 않으려 한다. 시간이 오래 걸려도 좋으니 완벽한 제품을 출시하길 원한다. 기술력에 자부심이 넘칠지는 몰라도 시장 경쟁력에선 뒤처지는 것, 그 결과가 지금 일본에서 나타나고 있다.

가전 왕국, 막을 내리다

1980년대 말까지만 해도 일본의 가전제품은 그 명성을 떨쳤다. 특히 패전으로 잿더미가 된 일본이 20여 년 만인 1967년, 세계 2위 경제 대국으로 도약한 데에는 전자 산업이 핵심 역할을 했다는 것이 주지의 사실이다. 1951년 말 미일안전보장조약 이후 안보에 관해서는 미국에 전적으로 의존하는 한편, 전자·기계 제품을 수출해 경제 발전에 올인하는 전략을 내세워 '가전 왕국', '제조업 강국'이라는 명성을 얻었다.

오늘날 중국 제품이 아이들 장난감에서 IT 제품에 이르기까지 미국 시장을 장악했듯, 과거 일본 전자 산업은 1960~1970년대에 걸쳐 미국 전자 부품 시장의 70~80퍼센트를 점유하는 고도 성장을 이뤄냈다. 일제 전자 제품이 미국을 장악하고 전 세계 부동의 시장 점유율 1위를 군히던 1979년 당시, 미국 하버드대학의 에즈라 보겔Ezra Vogel 교수는 《Japan as No.1》이라는 책을 발간하며 일본식 기업 경영을 극찬했으며 미국 어린이들은 소니가 미국 브랜드인 줄 알고 자랄 정도였다. 미국의 공업계가 "일본이 미국을 지배하고 있다"며 경계할 정도로 일본 부품 없이는 메이드 인 USA가 불가하던 때였다. 이러한 분위기는 1980년대까지 이어졌고, 전 세계적으로 반도체 호황기를 맞으며 일본은 대형 컴퓨터용 디램 부분에서 세계 시장의 80퍼센트를 점유했다. 1989년 NEC, 히타치, 토시바 등의 전자 기업들이 세계 반도체 시장 매출 상위 3개사에 이름을 올렸고 1990년까지만 해도 세계 상위 10개 기업

중 6개가 일본 회사일 정도로 세계 반도체 시장을 휩쓸었다. 1970년대부터 시작한 일본의 가전 열풍은 30~40년간 이어졌고, 일본 브랜드는 사실상 세계 가전 시장의 전부라 불릴 만했다.

그런데 지금은 세계 어느 가전 매장에서도 일본의 제품을 찾아보기가 쉽지 않다. 일본 반도체 기업은 TV 시장이 황금기를 맞을 때 급격히 성장했지만, PC 시대에 접어들면서 주도권을 미국 인텔에게 넘겨줬다. 일본 쇠락의 신호를 가장 먼저 보낸 기업은 샤프였다. 일본 최초로 흑백 TV를 개발하고 세계 최초로 14인치 LCD TV도 출시하는 등 압도적인 원천 기술을 갖고 있었음에도 불구하고 혁신이 아닌 개선에만 머문 결과, 대만의 훙하이에 매각됐다. 소니 역시 샤프에서 개발했던 LCD 기술을 애써 무시하며 TV 시장이 PDP와 LCD 기술로 넘어가는 단계에서도 브라운관 TV를 고집했다. 파나소닉도 비슷했다. 대표 제품으로 TV를 내세우며 오직 가전의 길만 걷겠다 선포했고, 더 이상 디지털 기술이나 네트워크 기술을 출시하지 않아 IT 기업과 승부할 능력이 없어진 것이다. 일본 가전을 대표하던 산요(현 AQUA)가 2011년 중국의 하이얼 그룹Haier Group에 인수됐고, NEC의 디스플레이 사업도 훙하이에 인수됐다. 당시 최고의 반도체 기업이었던 토시바 또한 TV 사업 부분은 중국의 하이센스에, PC 사업은 훙하이에 매각하며 일본 가전 시장은 막을 내리게 됐다. 이제는 파나소 닉, 소니 등의 가전제품이 중국의 하이얼에도 밀리면서 가전 제품 매장의 뒤편에서나 간신히 찾을 수 있을 정도다.

쇠락의 원인은 지나친 완벽주의에서 기인한 과잉 품질 과 기술 신앙이었다. 혹자는 이렇게 생각할 수도 있다. "품질 은 좋을수록 좋은 것 아닌가?", "최고의 품질을 위해 혼신을 다하는 모노즈쿠리 정신이 왜 문제인가?"

중요한 것은 시대의 수요였다. 일본의 전자 기업들은 설비에 막대한 투자를 하고 최고 성능의 제품을 만들었지만, 시장이 원했던 것은 빠른 주기 변화에 대응할 가성비 제품이 었다. 고품질·고성능을 추구하던 신념이 판매 전략의 유연성 을 떨어뜨렸고, 품질에 집중하는 반면 고객은 챙기지 못한 것 이 성장의 걸림돌이었다.

그렇다면 한국의 LG전자나 삼성전자는 어떻게 일본을 제치고 세계 1위 가전 업체의 자리를 차지했나? 우선 소비자 심리를 정확하게 읽고 이를 제품 기능에 반영하는 '뚝심 경영' 의 역할이 컸다. LG는 기술력만을 고집하며 소비자들의 브랜 드 충성도에 의지한 것이 아니라, 소비자들이 필요로 하는 제 품이 무엇인지를 집요하게 파고들어 혁신적인 제품을 내놓았 다. 대표적으로 의류 관리기 '스타일러'가 있다. 2017년 일본 시장에 진출한 스타일러는 꽃가루 알레르기가 심한 일본의 특수성을 고려해, 한국 제품에는 없는 화분증 알레르기 모드를 추가하는 현지화 전략으로 까다로운 일본인들의 마음을 사로잡았다.

일본 가전 업체는 의류 관리기라는 블루오션에 뛰어들고 싶어도 1000여 건이 넘는 LG의 스팀 특허를 피해 가는 것이 어렵기에 섣불리 시장에 진출하지 못하고 있다. 예컨대 끓는 물에서 나오는 스팀을 이용해 탈취와 살균, 의류 주름 완화의 효과를 지닌 트루스팀TrueSteam 기술은 현재 일본에서 최고 인기를 누리는 트롬 스타일러에도 적용되고 있다. LG전자가 현지 수요를 반영한 특허 기술을 발명해, 가전 업체의 벤츠로 불리는 유럽의 밀레Miele의 로봇 청소기 생산사로 발탁됐다는 소식도 더 이상 놀랄 일이 아니다.

기술력도 큰 역할을 했다. 한국 업체들은 브라운관에서 일본과의 경쟁에 이길 수 없다는 것을 빠르게 판단하고는 LCD라는 차세대 기술을 준비하며 판도를 바꿨다. 그 결과 2022년 6월 기준 LG전자의 OLED TV '올레드 에보'와 '올레드 에보 갤러리 에디션'은 일본 TV 시장에서 토시바를 제치고 점유율 두 자릿수인 12.6퍼센트로 선방하고 있다. 한때 소니의 트리니트론 TV는 삼성이나 LG의 브라운관 TV보다 여섯 배나 선명한 화질을 자랑하던 글로벌 시장의 독보적인 베스트셀러였다. 그러나 브라운관에서 PDP, LCD 시대가 열리는 트렌드를 읽지 못해 힘없이 무너져 버렸다. 현재 전 세계 TV 시장의 매출 기준 점유율은 삼성전자와 LG전자를 합친 국내 업체가 50퍼센트를 차지하고 있으며, 이는 3위인 중국의 TCL(8.7퍼센트), 5위인 일본의 소니(7.4퍼센트)와 비교할 수 없을 정도로 앞서나간 수치다.[1]

또한 트렌드에 충실했다. 삼성의 경우 개발 부서와 양산 부서 간의 이동이 자유로우며 수백여 명의 전임 마케터가 현지 시장에서 어떤 반도체를 무슨 용도로 만들면 좋을지에 대한 정보를 끊임없이 팀에 보고했다. 일본의 오랜 경쟁사였던 미국의 인텔 또한 두 부서가 긴밀히 협업하도록 대우해 주는 동시에, 수익이 나지 않을 경우 인센티브를 없애는 구조를 통해 시장이 수용할 수 있는 가격의 제품을 내놓았다. 반면 일본은 기술력을 신격화하는 개발 부서가 신제품을 제조하는 양산 부서보다 훨씬 우대받는 환경을 고수해 왔고, 고품질 제품이 수요를 창출할 것이라는 자신감 속에서 서서히 몰락했다.

지금 일본의 가전제품 기업들은 신제품을 발표하는 것이 아니라 사업 축소 또는 철수를 발표할 정도로 반등하지 못하고 있다. 기술을 예술art로 대하는 일본과, 기술을 시장market으로 보는 한국의 차이다. 휴대폰이 나오기 직전인 1990년대 유행했던 '삐삐'는 2019년에야 서비스를 중단했다. 한국이 아닌, 일본 이야기다.

한일 반도체 추월전

오늘날 반도체는 단순히 기술의 의미를 넘어 전략적 무기로
자리 잡고 있다. 코로나19의 유행 이후 전자 기기, 디지털 인
프라의 코어 부품으로서 수요가 계속 증가한 것은 물론, 5G
를 비롯해 빅데이터, 인공지능, 자율 주행 등 미래 기술의 핵
심은 모두 반도체 기술에 있다. 미중 패권 다툼으로 전 세계적
인 글로벌공급망에 혼란이 가중되며 현재 주요 선진국들은
반도체를 국가 안보 차원의 관리 사업으로 인식하고 있으며,
일본 정부 또한 반도체 기술이 자국 안보와 직결된 전략 물자
라는 점을 자각하기 시작했다.

　　1980년대 초만 해도 세계 반도체 시장은 일본이 장악
하고 있었으나, 1990년대 후반부터 한국의 반도체 산업은 양
적 성장에서 탈피하고 본격적으로 사업 영역을 확장하기 시
작했다. 한국의 반도체 산업은 1983년 고故 이병철 삼성 회장
이 도쿄 선언 후 1986년 12월 한국반도체주식회사를 인수하
며 본격화했다. 정부의 반도체 공업 육성 계획을 통해 지원책
을 마련했고, 이후 일본과 미국에 이어 한국은 반도체 생산
BIG 3 국가로 성장했다. 반도체 수출은 1977년 3억 달러에서
2021년 1313억 달러로 연평균 15퍼센트 증가했으며 동기간

우리나라 전체 수출에서 차지하는 비중은 3.0퍼센트에서 19.7퍼센트로 여섯 배 이상 상승했다. 이때 반도체 산업은 IMF 국난을 극복하는 과정에서 그 어떤 산업 분야보다도 크게 기여했으며, 지금은 메모리에 편중된 생산 구조에서 벗어나 비메모리 개발 전략도 추진하고 있다.

일본 반도체 산업은 1980년대 세계 시장에서 높은 점유율을 차지하며 최첨단 기술 개발에 몰두했다.[2] 그러나 1990년대 초부터 한국에 밀리기 시작했는데, 그 이유는 일본의 기술력이 뒤처져서가 아니다. 거듭 강조하지만 일본의 기술력은 지금도 세계 최고 수준이다. 문제는 1990년대 초반 버블 붕괴 이후 잃어버린 10년lost decade이라는 장기 불황이 이어지고 반도체 산업에 대한 투자 시기를 놓치며 일본 국내 기업들의 비즈니스가 축소됐던 것이다. 그 사이 한국, 중국, 대만은 연구·개발뿐만 아니라 대규모 조성금과 감세 정책 등의 장기 설비 투자로 시장 점유율을 높여 갔다. 다음 페이지의 표는 미일반도체협정 이후인 1987년부터 최근에 이르기까지 전 세계 반도체 시장 점유율의 변화 추이를 나타낸다.

세계 우위를 점하던 일본의 반도체 산업이 쇠퇴한 요인에 대해서는 분야마다 여러 갈래의 분석이 있었으나, 가장 최근의 분석으로 2021년 6월 일본의 경제산업성은 다음 세 가지 요인을 제시했다.

글로벌 반도체 기업의 시장 점유율 순위 변화

	1987	1993	2011	2018	2020
1	NEC(일)	인텔(미)	인텔(미)	삼성(한)	인텔(미)
2	토시바(일)	NEC(일)	삼성(한)	인텔(미)	삼성(한)
3	히타치(일)	모토로라(미)	TSMC(대만)	SK하이닉스(한)	TSMC(대만)
4	모토로라(미)	토시바(일)	TI(미)	TSMC(대만)	SK하이닉스(한)
5	TI(미)	히타치(일)	토시바(일)	마이크론(미)	마이크론(미)
6	후지츠(일)	TI(미)	르네사스(일)	브로드컴(미)	퀄컴(미)
7	필립스(미)	삼성(한)	퀄컴(미)	퀄컴(미)	브로드컴(미)
8	NS(미)	후지츠(일)	ST(미)	토시바(일)	엔비디아(미)
9	미츠비시(일)	미츠비시(일)	SK하이닉스(한)	TI(미)	TI(미)
10	인텔(미)	IBM(미)	마이크론(미)	엔비디아(미)	인피니온(유럽)

* KOTRA 도쿄무역관 및 Company Reports, IC Insights: Strategic Reviews database 참고.

첫째, 미일 무역 마찰에 따른 메모리 시장의 경쟁 실패다. 1980년대 전 세계를 석권했던 일본의 반도체 제조사들은 1986년 9월 미일반도체협정에 따라 무역 규제가 강화되며 쇠퇴의 길로 접어들었다. 그 후 1990년대 반도체 중심이 메모리DRAM에서 로직CPU으로 변하는 조류를 따라가지 못했다.

둘째, 설계와 제조의 수평 분리에 실패한 탓이다. 1990년대 후반 이후 로직의 설계 및 제조가 수직 통합형에서 오픈 아키텍처ARM를 이용한 수평 분리형으로 조류가 바뀌었지만, 일본 반도체 업체들은 전기 및 정보 통신 기기의 경쟁력을 잃고 반도체 제조업이 분리되는 난항을 겪었다.

셋째, 디지털 산업화에 뒤처졌다. 21세기 들어 PC, 인터넷, 스마트폰의 보급 등 많은 시장이 디지털 전환을 겪었지만, 일본은 국내 디지털 투자가 늦어지면서 반도체 산업 체계를 정비하지 못한 채 현상 유지에 머물렀고 첨단 반도체는 해외 수입에 의존해 왔다.

그러나 경제산업성의 분석 외에 다른 요인도 있다. 시대의 변화에 둔감했다. 가격 대비 품질을 계산하는 시장 추이와 달리, 일본 기술자들은 고도의 품질을 우선적으로 고집했다. 물건 하나를 구매하면 25년 보증 기간을 약속할 정도로 엄격한 품질을 추구하다 보니 판매가가 높게 책정될 수밖에 없었다. 예컨대 일본은 한때 대형 컴퓨터용 디램 시장에서 누구도 따라올 수 없을 만큼의 기술력을 자랑하면서 전 세계 디램 시장의 80퍼센트를 차지했다. 그런데 가족이 한데 모여 TV를 보고 웃던 시대가 저물고, 각자의 방으로 들어가 PC를 사용하는 시대로 바뀌는 현상은 미처 파악하지 못한 것이다.

반대로 한국 업체들은 1990년대 중반부터 수율뿐 아니라 생산성에 초점을 맞추면서 수면 위로 올라오기 시작했다. 장기간 보증과 고품질을 자랑하는 일본의 고가 전략과는 달리, 한국은 3년 보증 PC용 디램을 값싸게 내놓으면서 1998년 전 세계 시장 점유율 1위를 차지했다.

지금이야 만만한 부품으로 취급받고 있지만, 당시의 디램은 메인 프레임의 성능을 결정짓는 핵심 부품이자 같은 무게의 금보다 비싼 가격에 거래되는 고급 부품이었다. 그런데 한국산 디램은 비교적 저렴해 쉽게 구할 수 있고, 본체 내 슬롯에 끼우기만 하면 즉각적인 성능 향상을 느낄 수 있다는 장점이 있다.

디램 설계의 핵심은 스택stack 공법이냐 트렌치trench 공법이냐의 문제인데, 거칠게 말하자면 불량이 많은 대신 단순하거나, 아니면 복잡한 대신 완벽하거나의 차이다. 이 차이가 한국과 일본 반도체 업계의 운명을 결정지었다. 당시 스택 공법을 채택한 삼성은 디램을 저렴한 가격에 빠르게 생산할 수 있었다. 반면 트렌치 공법을 사용한 일본은 생산력 부문에서 삼성과의 출혈 경쟁에 뒤처지며 하나둘 무너졌다. 성능과 수명을 내세우며 전 세계 1위였던 일본의 오랜 방식을 꺾고, 수율과 가격을 선택한 결과 한국 기업은 현재까지도 디램을 가장 많이 생산하고 판매하는 기업으로 자리 잡았다.

　　낸드 플래시NAND Flash 부문에서도 마찬가지다. 낸드 플래시는 전원이 꺼져도 데이터가 저장되는 비휘발성 메모리 반도체로, 데이터를 저장할 수 있는 셀을 쌓는 단수에 따라 기술 수준이 나뉜다. 적층 기술에 있어 단수가 높아질수록 더 저렴한 비용으로 고용량의 제품을 생산할 수 있기 때문에 국내외 메모리 반도체 회사들은 3D 적층 기술을 개발하고 이를 적용한 제품을 양산하는 데 집중하고 있다. 적층 기술은 기본 저장 단위인 셀을 수평이 아닌 수직으로 쌓아 올리는 공법을 말하는데, 한국의 기술력이 두각을 보인 것이 바로 이 부분이다. 업계 1위인 삼성전자는 싱글 스택으로 100단을 쌓아 올리는 기술력을 갖춘 세계 유일 기업이다. 업계 3위인 하이닉스 또한 176단 512기가비트 낸드 플래시를 개발했으며 업계 최고 수준의 넷다이(Net Die·웨이퍼당 생산 가능한 칩 수)를 확보했다. 한국 기업들이 하드웨어 부문 반도체 기술력의 정상에 설 수 있던 것은 일본 디램 시장보다 시대를 읽는 눈이 정확했기 때문이다. 다만 한국이 모든 반도체 분야를 선도하는 것은 아니다. 전 세계 시장 점유율 70퍼센트를 차지하는 메모리 분야와 달리, 컴퓨터와 스마트폰의 두뇌 격에 해당하는 시스템 반도체 부문에서는 시장 영향력이 아직 미미하다. 특히 반도체의 설계를 전문으로 하는 팹리스fabless 시장 점유율은 2021년 기준 일본과 비슷하게 1퍼센트에 불과한 상황이다.

미국과 유럽 같은 선진국은 이미 반도체 기술 연구·개발 및 인프라에 상당한 규모로 지원하고 있다. 이에 일본도 반도체 및 디지털 산업에 종합적으로 접근해야 한다는 주장이 나오고 있다. 일본의 반도체 산업은 주로 민간 주도로 진행돼왔지만, 이제는 정부의 주도하에 제조 장비 및 소재 산업의 강점을 살리고 로직 반도체의 양산화를 위해 파운드리의 국내 입지를 다지는 전략을 취하겠다는 것이다. 특히 스마트폰이나 슈퍼컴퓨터 등에 사용하는 로직 반도체는 디지털 경제 사회를 지탱하는 디바이스이자 한 국가의 산업 경쟁력을 쥐고 있는 사회 경제의 중추계다. 일본은 로직 반도체의 경우 공장 수에서는 현재 세계 1위를 유지하고 있지만 대부분의 제조 시설이 노후화했고, 메모리, 센서, 파워 반도체 등에서도 글로벌 경쟁력을 갖춘 기업이 부재한 상황이다.

이에 일본은 세계 최대 반도체 위탁 업체인 대만의 TSMC와 일본 소니의 반도체 자회사인 소니반도체솔루션의 합작 회사 JASM Japan Advanced Semiconductor Manufacturing을 만들고 지금 구마모토현熊本県에 반도체 공장을 건설 중에 있다. 최근

엔 일본 대기업 8개사가 첨단 반도체 회사를 공동 설립하고, 여기에 일본 정부는 700억 엔을 지원하겠다고 밝히며 반도체 주권 경쟁에 본격 뛰어들었다.[3] 여덟 개 회사에는 도요타와 소니, 키옥시아, 덴소, NEC를 비롯한 다섯 개 대기업과 소프 트뱅크로 대표되는 IT 기업, 미츠비시UFJ은행으로 대표되는 금융사, 그리고 NTT 이동 통신사까지 포함되어 있으며 이들 기업은 공동 출자를 통해 래피더스Rapidus라는 반도체 기업을 설립할 예정이다. 다만 양산 시점을 2027년으로 잡고 있을 뿐 아니라 일본은 아직 첨단 반도체 개발과 양산에 있어선 한 국에 뒤쳐져 있는 상황이다. 한국 또한 반도체를 국가 전략 산 업으로 육성하고자 정부 차원의 인재 양성과 기업의 연구·개 발을 지속한다면, 일본 반도체 산업이 K-반도체를 추월할 가 능성은 낮아 보인다.

21세기판 3종 신기

일본에선 건국 신화에 등장하는 거울·칼·구슬을 '3종 신기三種の神器'라고 한다. 여기서 차용한 것이 1960년대의 '3종 신기'로, 일본이 고도성장을 이루면서 모든 가정에서 장만했던 필수적인 가전제품 세 가지, 세탁기·냉장고·TV를 일컫는다. 그런데 현재는 팩스·도장·종이가 '21세기판 3종 신기'라는 말이 나오고 있다. 아직도 웬만한 사무실이나 가정에서 팩스와 도장, 종이가 '현역'으로 사용되는 일본의 아날로그 상황을 자조적으로 일컫는 말이다. 일본에는 왜 아직 이런 3종의 신기가 남아 있을까?

당신의 마음을 표현해 주세요, 팩스로.

2017년 일본의 지상파 방송 TV도쿄에서 방영했던 12부작 드라마 〈100만 엔의 여인들100万円の女たち〉에서는 한 스토커가 주인공에게 매일 같이 협박과 저주를 담은 메시지를 팩스로 보내는 내용이 나온다. 넷플릭스를 통해 이 드라마를 접한 한국인들은 "시대가 어느 때인데 팩스냐, 드라마 설정이 잘못된 것이 아니냐"라고 의문을 제기하지만, 이는 아직도 이메일이나 휴대폰보다 팩스를 이용한 통신이 익숙한 일본의 현실을 정확히 반영한 드라마다.

팩스는 일본에서 정부 부처와 기업 사무실은 물론, 일

반 가정집에서도 여전히 활발하게 사용한다. 연예계 회사들은 자사 소속 연예인의 결혼 소식을 알리는 방법으로 기자들에게 팩스를 보내고, 공무원들은 코로나19 확진자를 확인하기 위해 해당 정보를 일일이 팩스로 전송한다. 팩스의 잔재는 일본 사회에 경각심을 안겨 주기도 했는데, 대표적으로 코로나19 이후 재택근무가 시작되면서부터다. 코로나19 사태 이후 상호 접촉을 최소화할 방안으로 재택근무는 많은 선진국에서 속속들이 도입됐지만, 일본에서는 그저 먼 타지 이야기에 불과했다. 일본 정부가 재택근무에 관한 정책을 발표하고 이를 권장했지만 회사원들은 거래처에서 오는 팩스를 받기위해, 우편으로 오는 물건 주문서를 받기 위해 어쩔 수 없이 회사로 출근해야만 했다. 이메일보다 우편이나 팩스를 선호하는 문화가 재택근무의 벽이자 방역의 적이 된 것이다.

또 2020년 5월 도쿄도(도쿄 광역권의 핵심 도시)는 복지보건국에 설치된 수신 전용 팩스 오직 한 대를 이용해 매일 관내 31곳의 보건소로부터 정보를 취합해 코로나19 확진자 집계를 공표했다. 이때 집계를 종이에 수기로 적어 보내는 과정에서 보고서가 누락되거나, 의료 기관과 확진자를 관할하는 보건소로부터 같은 인원을 중복으로 보고받는 사례가 100여 건 이상 발생했다. 의사가 환자의 정보를 적은 '발생 신고서'를 작성해 관할 보건소에 팩스로 보내면 보건소는 이를 확인 후 도쿄도로 팩스를 보내고, 도쿄도청 코로나대책본부는 이를 취합해서 발표하는 방식이었는데, 가뜩이나 느린 팩스로 정보를 전달하는 데다 의사가 보낸 팩스가 보건소와 도쿄도청을 거쳐 코로나대책본부로 도착하기 때문에 양성 판정부터 공표까지 무려 3일이라는 타임 랙time lag이 걸린 것이다. 그마저도 일부 감염자가 누락되거나 중복 집계되어 정확한 수치를 알 수 없을 때도 있었으니, 그건 바로 통일성 없는 정보 통신 체계 때문이었다.

일본 총무성에 의하면 팩스 이용률은 2009년 57.1퍼센트에서 2021년 31.7퍼센트까지 줄어들었으나 아직도 50~60대 연령이 포함된 가구 중 절반 가량이 팩스를 보유하고 있다.[4] 이런 고질적인 아날로그 문화를 없애고자 일본의 스가요시히데菅義偉 전 총리는 디지털 개혁을 최우선 과제로 천명한 적도 있다. 2021년 6월 고노다로河野太 행정규제개혁상을 내세워 도장 대신 전자 서명을 도입해 행정 처리 속도를 높이겠다며 '부처 내 팩스 폐지' 방침을 발표했지만, 발표 후 불과 한 달 만에 "이메일은 사이버 공격으로 인한 정보 유출 우려가 있고 국회의원들이 여전히 팩스를 선호한다"는 등의 반론이 400건 이상 제출됐다. 그리고 그해 여름, 2020 도쿄올림픽 당시 NHK TV 채널에는 이런 자막이 흘러 나왔다.

"Don't forget to fax your support messages to Team Japan."

오해 말라. 1964년 도쿄올림픽이 아니다.

도장, 품격인가 장애물인가

일본에 진출한 한국의 네이버나 카카오의 계열사들은 모든 문서를 전자화한 반면, 일본의 도장 문화는 아직도 기업뿐만 아니라 교육, 행정 기관을 비롯한 공공 기관에도 뿌리 깊게 남아 있다. 코로나19가 확산하며 일본 정부가 재택근무를 권장하던 당시에도, 많은 회사원들은 도장을 찍기 위해 하는 수 없이 사무실로 출근했다. 도장 문화는 어떻게 처음 일본에 정착한 것일까?

시작은 1868년 메이지유신 때로 거슬러 올라간다. 1873년부터 공식 서류에 도장을 찍기 시작했고 1878년부터는 인감 증명 제도를 도입했으며 1894년 청일전쟁과 1904년 러일전쟁 당시에는 월급이나 배급을 줄 때 신분을 확인하는 수단으로 도장을 이용했다. 패전 후 고도성장 과정에서는 직장의 출근부에 도장을 찍는 문화가 안착하며 오늘날까지 이 관습이 유지되고 있다. 근대화 추진 과정에서 서양 문물을 대거 받아들이면서도 일본은 유독 서명sign 문화는 채택하지 않았다. 2019년에는 IT 업체인 '히타치시스템즈'와 '히타치 캐

피탈', 그리고 산업용 로봇 개발 업체인 '덴소 웨이브'에서 서류를 스캔해 날인할 곳을 식별한 후 도장을 찍어 주는 최첨단 로봇을 개발할 정도였다.

필자가 교편을 잡고 있는 배재대학교 일본학과 학생들의 경우 코로나19 이전 기준으로 매년 일본의 13개 대학에 교환 학생을 다녀 왔는데, 이때 반드시 준비하라고 권한 것도 도장이다. 한글로 된 도장이어도 상관없다. 워킹 홀리데이 비자로 일본에 갈 때 역시 도장은 필수 항목이다. 심지어 도장을 예쁘게 찍는 팁을 소개해 주는 일본 정보 블로그도 있다.

일본에서는 성인식을 맞거나 사회에 진출하는 자녀를 위해 부모가 도장을 선물하기도 한다. 필자의 아들과 딸은 지난해 일본 기업에 취업했는데, 이때도 가장 먼저 한 일이 도장 만드는 것이었다. 학교든 직장이든 도장 찍을 일이 한두 번이 아니기 때문이다. 최근에는 한국의 주민등록증과 같은 일본의 '마이넘버' 제도가 조금씩 정착되며 도장 자체가 지닌 신뢰의 이미지가 점점 옅어지고는 있지만, 여론 조사 결과를 보면 '도장 폐지에 찬성하는 의견'은 74.7퍼센트로 높은 반면 '도장 폐지가 쉽지 않을 것'이라는 부정적 의견 또한 50.1퍼센트나 된다.[5] 그렇다면 일본에서는 왜 '도장 날인'이라는 오랜 관습을 벗어나 새로운 결재 방식을 수용하는 것에 심리적 저항이 강한 걸까?

2015년 11월 11일, 일본 지상파의 〈스쿨 혁명!(スクール革命!)〉이란 프로그램에서 '알지 못하면 부끄러운 어른들의 상식(知らないと恥ずかしい大人の常識クイズ)'을 소개하고 있다. 상사에게 서류를 제출할 때 A, B, C 중 어떤 인감 모양이 가장 바람직할까?

정답은 A. 절을 하듯이 도장을 기울여 찍는 것이 일본 비즈니스의 매너다.

    우선 도장을 찍어야 서류의 품격과 신뢰가 살아난다는 오랜 믿음 때문이다. 아직도 일본의 일부 직장에서는 신입 사원 연수 과정에 서류의 품격을 높이기 위해 '도장 예절' 연수를 으레 포함하는 곳이 있다. 결재란에 도장을 찍을 때엔 부하

직원들이 고개 숙여 인사하듯 왼쪽으로 비스듬히 찍어야 한다는 것 등을 배운다. 절, 인사를 뜻하는 '오지기おじぎ'와 도장을 뜻하는 '인印'을 합쳐 '인사 도장おじぎ印'이라는 신조어까지 만들어질 정도다.

거래처가 요구하는 계약서에 도장 찍는 칸들이 버젓이 존재하며, 법적 유효성을 보장하는 것도 도장이라는 믿음이 여전히 지배적이다. 게다가 일본의 도장 시장 규모가 매년 1800억 엔 규모라고 하니, 도장을 만드는 장인들의 생계를 위해서도 이는 쉽게 개편할 수 없는 구조다.

정치적인 이유 또한 산재해 있다. 자민당 내에 소위 '도장의련(일본의 도장 문화를 지키는 의원 연맹)'이라는 단체에서 도장은 본인 확인 및 의사 확인용으로 유효한 수단이라고 주장하며 '탈脫 도장' 정책을 강력히 반대하고 있다. 20여 명의 여당의원으로 구성된 이 단체에 자민당 내 막강한 실력자인 니카이 도시히로二階俊博 간사장도 힘을 실어 주고 있어 탈도장은 쉽지 않을 전망이다. 심지어 일본 정부가 2019년 16억 엔을 들여 계약서를 서면으로 작성하지 않게끔 전자 계약 시스템을 만들었지만, 이를 이용해 입찰된 계약은 전체 3만 1000여 건 중 고작 1퍼센트인 310여 건에 불과했다.[6]

대기업을 회원사로 둔 일본 경제단체연합회인 게이단렌經團連의 나카니시 히로아키中西宏明 전 회장은 도장에 의존하는 업무 관행에 대해 "시대착오적인 넌센스"라며 "도장은 미술품으로 남기라"고 비판했다.[7] 그러나 지금도 "일본 내 CEO들의 업무 대부분은 오프라인 문서나 결재 서류에 도장을 찍는 일"이라는 말이 있을 정도로 전자 결재 문화는 정착하지 못하는 상황이다. 부동산 계약 등 대부분의 행정 처리에서 관청에 등록된 인감도장을 요구하는 경우가 많고, 식당에서 식사 후 회사에 제출할 영수증을 달라고 할 때조차도 반드시 인주를 묻힌 도장을 찍은 것을 유효하게 받아 준다.

종이에 대한 애착

종이 서류를 사용하는 나라는 여전히 많지만 보통은 컴퓨터에 저장한 문서가 인쇄된 형태로 필요할 경우에 해당 문서를 출력한다. 예컨대 한국에서는 대도시든 시골이든 병원에서 보관하는 환자들의 진료 기록을 전부 데이터화해 컴퓨터에 저장한다. 그래서 환자가 언제 병원을 방문해도 컴퓨터에 저장된 데이터를 불러와 기록을 보고 새로운 진료 내역을 기입할 수 있다. 반면 일본의 종이 서류 문화는 좀 독특하다. 문서나 데이터를 컴퓨터에 저장하는 동시에 별도의 종이 서류를 만드는 것이 기본 원칙이다.

신문사 등 언론 매체 역시 인터넷 신문보다는 종이 신문을 절대적으로 선호한다. 《일본경제신문》의 경우 유료 구

독자가 아닌 이상, 인터넷 기사는 본문을 끝까지 읽을 수도 없는 것들이 대부분이다. 중간에 신문을 구독하라는 창이 뜨고는 궁금증만 자아낼 뿐 더 이상은 읽을 수 없는 구조여서 할 수 없이 종이 신문에 의지할 수밖에 없다. 세계 1위의 판매 부수를 자랑하는《일본경제신문》이 여전히 종이를 고집하는 이유는 신문을 보는 세대가 대부분 중년층 이상이거나 기업 등에서 진열해 놓기 위한 용도로 쓰이기 때문이기도 하고, 무엇보다 종이 신문 시장을 고집하며 그 판매 부수를 떨어뜨리고 싶지 않은 마케팅 전략 때문일 것이다.

세계 최대 종이 신문 발행 부수를 자랑한다는 이유로 일본이 종이 신문을 고집하는 것은 과거 지향적인 핑계다. 일본의 웹툰 시장을 네이버의 '라인망가'와 카카오의 '픽코마'가 점령할 수 있던 것 또한, 젊은 층들을 중심으로 종이로 된 만화책을 버리는 틈새시장을 공략했기 때문이다. 우스갯소리같지만, 2022년 도쿄올림픽 선수촌에 있던 침대는 골판지 종이로 만들었다.

이러한 종이에 대한 일본의 애착은 앞서 말한 팩스 및 도장 문화와도 관련 있다. 일본인들은 종이를 사용하고 싶어서가 아니라 마치 팩스를 이용하기 위해, 그리고 도장을 찍기 위해 종이를 사용하는 것처럼 보일 정도다. 아니, 어쩌면 종이를 사용하기 위해 팩스와 도장을 고수하는 것일지도 모른다.

여기에 일본인들의 사고방식은 더 큰 걸림돌이다. 기능과 효율에 관한 비판은 보류하거나 외면한 채 팩스와 도장, 종이까지 3종 신기로 이뤄진 아날로그적 생활이 일본만의 '문화'라는 관점 너머로는 생각을 확장하지 못하고 있다.

일본의 인터넷이 느린 이유

한국에 온 외국인들에게 한국의 매력을 보여 주고 싶다면 PC방에 데려가라는 우스갯소리가 있다. 실제로 MBC 에브리원 예능 프로그램 〈어서와~ 한국은 처음이지?〉는 핀란드 출신 세 명의 청소년이 한국 PC방을 체험하는 방송을 내보냈다. 이들은 최신식 컴퓨터 앞 편안한 의자에 앉아 라면을 주문해 먹을 수 있다는 사실에 놀라움을 금치 못했으나, 그들이 브롤스타즈 게임을 즐기며 가장 감탄했던 것은 다른 무엇도 아닌 엄청난 인터넷 속도였다.

　외국 여행객이나 유학생들의 한국 방문 후기를 살펴보면 인터넷 속도와 환경에 대한 감탄이 으레 등장한다. 속도가 빠를 뿐만 아니라 시내버스에서도, 지하철에서도, 하다못해 버스 정류장에서까지도 인터넷이 빵빵 터질 정도로 수준이 높다고 칭찬한다. 2020년 2월 온라인 설문 조사 업체 두잇서베이가 3457명의 표본을 대상으로 '대한민국의 장점'에 대해 설문 조사를 진행했을 때 1위를 차지한 건 '인터넷·와이파

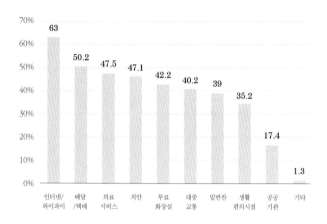

대한민국의 장점(중복 투표)

* 두잇서베이, 2020년 2월.

이'(27.3퍼센트)였다. 같은 표본으로 중복 선택이 가능하도록 진행한 설문 조사에서도 '인터넷·와이파이' 항목은 63퍼센트의 압도적인 득표율로 1위를 차지했다.

사실 한일 양국의 인터넷 보급률은 각각 96퍼센트와 90퍼센트로 일본 역시 상당한 인터넷 인프라가 갖춰져 있다. 그러나 속도는 다른 이야기다. 세계 각국의 모바일 인터넷 속도를 매달 측정해 랭킹을 매기는 우클라Ookla의 자료에 따르면 2022년 5월 기준 한국은 4위, 일본은 45위를 기록하고 있다. 인터넷 최고 접속 속도의 평균 수치는 우리나라가 약

86.6Mb/s, 일본이 약 78.4Mb/s로 두 수치의 격차는 10퍼센트 가량이었지만, 평균 접속 속도에서는 한국이 약 20Mb/s, 일본이 약 15Mb/s로 30퍼센트라는 큰 차이를 보였다.

인터넷 인프라의 차이는 일상의 많은 영역을 바꿔놨다. 편의를 극대화한 배달앱들이 한국에 '배달 음식의 성지'라는 타이틀을 안겨 주고, 카카오톡은 한국인들의 의사소통에 큰 축을 담당한다. 행정 처리 과정에서도 많은 부분 디지털 전환이 이뤄졌다. 최근에는 다수 관공서에서 모바일 앱을 개발해, 시간을 들여 관공서에 직접 방문하지 않아도 각종 공문서를 단시간에 발급받을 수 있다. 일본에서는 상상하기 힘든 일이다. 필자는 지난해 5월 연말 정산 환급을 받기 위해 일본 나고야대학을 졸업하고 도쿄에 취업한 아들에게 전년도 수업료 제출 증명 서류를 보내 달라고 했을 때, 본인이 직접 나고야까지 가지 않으면 증명서를 발급받을 수 없다는 답변을 듣고 포기하고 말았다. 왕복 신칸센 차비에 하루 시간을 소모해야 하는 비용이 연말 정산 환급금보다 많을 것 같았기 때문이다.

결국 일본에서 디지털화의 발목을 잡는 것은 인터넷 인프라 자체의 부족이 아니다. 빠른 인터넷망을 보유하고도 아날로그 문화에 대한 애착으로 그것을 활용하지 못하는 것이다. 일본은 한국만큼 다양한 앱을 활용하지 않기 때문에 모바일 기기에 대한 수요가 적고, 이는 인터넷 속도 개선의 차이에도 영향을 미쳤을 것이다. 익숙한 레거시 문화legacy culture에 안주해 앱 활용도가 적고, 사용자 수가 적으니 앱 서비스 개선이 빠르게 이뤄지지 않으며, 이에 따라 다수 소비자가 디지털 서비스를 외면하는 순환 구조로 고착화한 것이다.

디지털 인프라의 불편한 진실

필자는 출석을 부르는 데 시간을 거의 소모하지 않는다. '배재콕' 앱을 활용하면 반경 10여 미터 안에 있는 학생들과 스마트폰으로 자동 연결되어 출결석이 체크되기 때문이다. 게다가 메신저 역할도 해준다. 이미 대한민국의 많은 대학에서 이런 전자 출결 시스템을 이용하고 있으니 새삼스러울 것도 없다. 물론 이를 악용하는 학생들도 있다. 강의실에 들어오지 않고 복도에서 와이파이를 이용해 출석 체크를 한 후 데이트하러 간다든지 말이다. 그러나 이런 에피소드보다 주목할 것은 바로 일상의 많은 영역에서 드러나는 일본 아날로그 행정의 취약점이다.

용량이 1.44메가바이트에 불과한 플로피 디스크floppy disk를 현 세대는 본 적도 들어본 적도 없을 것이다. 필자가 1980년대 말 대학에 다니며 전산학 수업 때 배웠던 이 구식 기술 매체는 생산 자체는 일본에서도 일찌감치 중단됐지만 여전히 여러 공공 기관에서 사용되고 있다. 이에 2022년 8월 30일, 드디어 디지털청의 고노 타로河野太 장관이 일본의 행정 절차에서 플로피 디스크의 사용을 중단하는 법을 진행하겠다는 기자 회견을 가졌다.[8] 그만큼 일본이 구식 기술과 관례를 바꾸고자 하는 '감'이 없었기에 구태의연한 행정법이 그대로 살아 있던 것이다.

일본 입장에서 디지털 인프라의 부족은 불편한 진실로 다가오고 있다. 기성세대는 '아날로그 원어민'이라고 불릴 정도로 아날로그에 대한 애정이 깊은데, 이는 달리 표현하면 디지털에 대한 신뢰가 낮다는 반증이다. 대표적인 사례가 의료 시스템이다. 우선 한국에선 진료 카드 하나로 무인 기기에서 접수 및 수납을 할 수 있다. 보험 처리를 위한 서류도 진료카드로 간편히 인쇄할 수 있으며, 어떤 병원은 진료카드 없이 스마트폰으로도 이 모든 처리가 가능하다. 이를 본 많은 일본인들은 '정확한 확인도 없이' 어떻게 해당 절차를 진행할 수 있는지 의문을 갖는다. 여전히 일본의 많은 병원에선 마치 90년대 대학 도서관의 한 풍경처럼 접수대 뒤쪽의 서류꽂이가 환자들의 진료카드로 빽빽히 채워져 있기 때문이다.

코로나 확진자의 집계에서도 한국은 빠르게 대처했다. 중앙방역대책 본부를 만들고 확진자 동선을 데이터로 파악해 방역의 효율을 높였다. 여신금융협회 및 이동통신사와 연계

한 역학 조사 지원 시스템을 구축하고, 관련 정보를 누구나 확인할 수 있는 온라인 사이트를 개설했으며 QR코드를 활용한 전자 방명록을 도입했다. 재난 지원금 지급에 있어서도 신속했다. 일본과 달리 행정 시스템과 주민등록번호가 결합되어 있던 덕에, 불과 2주 만에 90퍼센트가 넘는 대상자들에게 지급을 완료했다.

그렇다면 일본은 어떤가? 코로나19의 피해 보상을 위한 대국민 재난 지원금을 지급한다고 발표한 지 두 달이 지난 시점에도 전 국민 지급률이 30퍼센트에 미치지 못했으며, 그중 도쿄의 지급률은 12퍼센트에 불과했다. 모든 행정 처리를 오프라인으로 진행했기 때문이다. 재난 지원금을 빠르게 받고 싶을 경우 직접 구청을 방문해 신청 후, 온라인용 비밀번호를 발급받아야만 했다. 우편으로 신청할 경우 구청에서 서류를 우편으로 보내 주면 수기로 신청서를 작성해 다시 우편으로 발송하고, 해당 서류는 구청 직원들이 다시 일일이 수작업으로 확인하는 방식이었다. 그마저 인터넷 신청에 오류가 많아 중복 지급 사고가 잇따랐다. 장애인을 비롯해 온라인 접수 절차가 어려운 국민들이 재난 지원금 신청을 포기하는 이야기가 여러 곳에서 나왔고, 한 공무원이 송금 의뢰서를 잘못 작성하는 바람에 한 가구에 4억 5000만 원의 지원금이 지급됐다는 뉴스가 들리기도 했다.[9]

코로나19는 일본의 아날로그 행정이 갖고 있던 고질적인 취약점을 드러내는 계기가 됐다. 그간 일본 행정은 내각부와 경제산업성, 총무성 세 군데로 나뉘었다. 그러다 보니 각 부서마다 별도로 정책을 운영하고, 그에 대한 책임 소재도 확실하지 않아 총리 관저에서 지시를 내려도 해당 부서가 즉각적으로 대응하기 어렵다는 난항을 겪어 왔다.

일본 정부의 노력이 없던 것은 아니다. 1990년대 정보화 혁명이 전개되며 일본이 정보의 낙후국으로 전락할 것을 염려한 당시의 모리 요시로森喜朗 정권은 2001년 1월, 향후 5년 이내에 일본이 세계 최강의 IT 국가로 재도약하겠다며 'e-Japan 전략' 등의 국가 정보화 전략을 내놓은 바 있다. 그리고 2003년 7월에는 새롭게 'e-Japan II'를 추진하며 전자 정부 실현을 위해 노력해 왔다. 그러나 정부 부처 간 칸막이 정치로 더 이상 진척하지 못했으며, 그 결과 2018년 국가 행정 절차의 온라인 이용률은 7.3퍼센트, OECD 30개국 가운데 최하위에 머무르게 됐다.[10]

지난 2016년, 일본은 행정 절차를 간소화하기 위해 사람마다 고유한 개인 식별 번호 12자리를 부여했다. 일본판 주민등록증이라고 할 수 있는 '마이넘버카드' 제도다. 개인이나 법인을 특정하고 식별하는 ID 인증 기능이 있어, 이를 활용하면 각종 행정 수속이나 민간 서비스에서도 신분증으로 이용

주요 선진국의 항목별 경쟁력 순위

국가 순위	디지털 경쟁력	국가 경쟁력	지식 경쟁력	기술 경쟁력	미래 준비도 경쟁력
미국	1	10	2	7	2
싱가포르	2	5	3	1	12
덴마크	3	3	6	9	1
스웨덴	4	2	4	6	7
홍콩	5	7	7	2	10
~					
한국	**8**	**23**	**10**	**12**	**3**
노르웨이	9	8	16	3	6
핀란드	10	13	15	10	9
~					
일본	**27**	**31**	**22**	**26**	**26**

* IMD(2020, 2021).

할 수 있다. 그런데도 보급률은 아직도 40퍼센트대에 머물러 있다. 이에 2021년 9월 1일, 일본은 지금까지 개별 운영되던 정부와 지방의 정보 시스템을 통합하고, 기존의 행정 구조를 혁신하는 것을 목표로 '디지털청デジタル庁'[11]을 공식 출범시키며 마이넘버제도의 정착을 위해 노력하고 있으나 진척은 더딘 상황이다.

정체된 일본과 다이내믹한 한국의 차이는 여러 지표로 드러나고 있다. 2020년 UN이 발표한 '세계 전자정부 순위'에서는 덴마크가 1위, 한국이 2위를 차지한 반면 일본은 2019년보다 네 단계나 떨어진 14위에 머물렀으며 2021년 국제경영개발원IMD이 발표한 '국가 경쟁력 순위'에서도 한국이 일본을 앞서 있다. 지식 경쟁력과 기술 경쟁력은 두 배 이상 차이가 나고, 미래 준비도 경쟁력에서는 여덟 배 이상 차이가 나는 것을 확인할 수 있다.

순응이 미덕인 사회

현재 일본 인재 시장의 가장 시급한 문제는 IT 인력 수급이다. 현업 IT 기술자들의 연령은 높아지는데, 현장에 투입할 차세대 IT 인력은 부족한 상황이며 2030년에 이르렀을 때 45만여 명 이상의 IT 인재가 부족할 것으로 전망한다.[12] 이에 따라 2022년부터 국가공무원 채용종합직시험에 디지털 분야의 합격자를 적극 채용하기로 하는 등 일본 정부는 디지털 인재 채용 및 육성에 힘을 보태고 있으며, 많은 일본 IT 기업들은 한국의 고급 인력을 유치하고자 노력 중이다. 지금은 코로나19로 일본 진출의 길이 좁혀졌지만, 이전까지만 해도 한국의 청년들이 IT 분야에서 가장 많이 진출한 국가는 일본이었다. 한국산업인력공단이 2020년 발표한 〈고용노동부 해외 취업 지원 사업을 통한 취업 현황〉 자료에 의하면 2016년 632명이, 2017년 1103명이, 2018년 1427명이 일본의 IT 기업에 진출했는데, 그 이유로 일본 기업들은 같은 한자 문화권인 동시에 일본인들보다 영어 실력이 우수한 한국 청년들을 선호한다는 점을 꼽고 있다.

또 다른 문제는 디지털 전환이다. 익숙하다는 이유로, 기술자의 생계가 달려 있다는 이유로 아날로그 시대에 축적된 기술이 좀처럼 디지털 방식으로 전환되지 못하고 있다. 그러다 보니 현대 사회에서 꼭 필요로 하지는 않는 아날로그 기술들이 일본 내에서만 진보하는 경향이 나타난다. 예컨대 한국 자취생들은 작은 원룸에서도 대부분 디지털 도어를 쓰지만, 일본은 눈 씻고 찾아 봐도 디지털 도어를 쓰는 곳을 발견하기 어렵다. 여전히 열쇠를 들고 다니는 게 익숙하고, 디지털 도어에 대한 불신과 더불어 열쇠 수리공이라는 직업이 사라지는 것에 불안을 느끼기 때문이다. 그래서 21세기인 지금도

학생들은 기숙사나 월세방의 열쇠를 잃어버릴 경우 주인에게 변상해 줘야 한다. 또 2021년 10월 31일, 중의원 선거를 위해 연필을 깎아야만 했던 공무원들의 모습이 TV에 잡혔다. 전자 투표가 아닌 자필 투표를 해야 하는 상황에서, 코로나19 감염 방지를 위해 연필을 돌려 쓰지 않도록 10만여 개의 연필을 일주일에 걸쳐 일일이 깎는 해프닝이 21세기 선진국 일본에서 벌어진 것이다.

이제는 일본의 많은 전문가들이 자국의 디지털 행정을 추진하는 데 벤치마킹할 국가로 한국을 꼽는다. 지방자치단체의 시스템 인프라가 통일되어 있고, 중앙에 전문가 집단을 풍부하게 배치하고 있다는 장점 때문이다. 그러나 한국은 각종 서류를 접수할 때 스마트폰으로 간단히 신청하는 반면 일본은 대부분의 행정 절차가 우편으로 오고 간 후에야 컴퓨터로 가입하고 활용하는 등, 여전히 일본의 IT는 한국인이 생각하는 IT와는 완전히 다른 개념이다.

기술을 원하면서도 활용하지 못하고 아날로그로 진행하는 불편함을 일본인들은 불평 없이 받아들인다. 이해와 순응을 미덕으로 여기는 문화 때문이다. 한국처럼 더 큰 성공, 더 나은 미래를 지향하는 것이 아니라 매달 나오는 월급으로 연금과 세금을 내고, 성실히 직장 생활을 하다 퇴직 후 국가 연금으로 기초 생활을 보장받는 것이 하나의 문화이자 성공

방정식으로 정착해 있다. 버블도 이미 오래 전 경험한 터, 한국처럼 불로소득으로 대박이 나거나 3억 원에 산 아파트가 9억 원으로 몸값이 뛰는 경우도 기대하긴 어렵다. 딱 일한 만큼 가져간다는 라이프 스타일이, 일본 전반의 디지털 혁신을 방해하고 있는 것이다.

3   무너지는아베노믹스

저렴해진 일본

2018년 한국은 PPP(구매력 평가) 기준 1인당 GDP에서 일본을 역전했으며, 국가 신용 등급과 제조업 경쟁력 순위에서도 일찌감치 일본을 추월했다. 반면 일본은 GDP 대비 정부 부채 256퍼센트를 기록하며 OECD 국가 중에선 압도적 1위를 차지하고 있다. 여러 원인이 있으나, 2차 세계 대전 당시 전쟁 자금을 조달하는 데 국채를 쓰고, 전쟁 배상비 지불을 위해 엔화를 발행한 것이 컸다. 이후 1990년대 버블 경제 붕괴 후 금융 위기를 넘기는 과정에서 국채를 발행하고, 최근 또 한 차례 코로나19 대응 재원을 확보하고자 국채를 발행한 것이 결정적인 원인으로 꼽힌다.

일본의 부채는 2022년 기준 1017조 엔, 한화 약 1경 원에 이른다. 원리금 상환에만 정부 예산의 25퍼센트를 쓰고 있다. 금리를 1퍼센트 올려도 우리 돈으로 37조 원의 이자 부담이 뒤따른다. 미국을 시작으로 대부분의 국가가 인플레이션을 우려해 금리를 올리자 일본은 이들 국가와 금리 격차가 벌어지고 환율이 상승해 물가 압력이 작용하고 있다. 그럼에도 불구하고 제로금리정책을 고수하며, 국가 부채의 대부분을 일본은행이 보유하고 있다는 점을 근거로 아베 신조 일본 전 총리가 "일본은행은 일본 정부의 자회사"라며 일본 경제가 문제없다고 말한 것은 위험한 발언이었다.

각종 글로벌 순위에서의 한일 비교

	한국	일본
디지털 기술력 순위	8위	27위
전자정부 순위	2위	14위
IMD 종합 국가 경쟁력 순위	23위	31위
남녀 평등 지수	102위	120위
고등 교육 투자(OECD국가 중)	15위	25위
국제 신용 등급(S&P, Pitch 등)	AA	A+
PPP 기준 1인당 GDP	4만 3001달러	4만 2725달러
GDP 대비 정부 부채	49.8%	256%

* 한국무역협회 보고서 및 e-나라지표, KOSIS 국가통계포털 자료 참고 정리.
상위 두 항목은 2021년 기준, 이외에는 2022년 기준.

거시 경제 지표와 기초 기술 경쟁력에서는 아직 한국을 앞서지만, 일본은 확실히 자신감을 잃었다. 《일본경제신문》은 일본 자동차 회사들이 수십 년째 독점 체제를 구축해 왔던 동남아시아 시장에서 전기차를 앞세운 우리나라의 현대자동차와 중국차 브랜드에 위협받고 있다고 보도했다.[13] 전기차

나카후지 레이의《싸구려 일본》

투자 경쟁에서 밀리면 과거 가전제품이나 휴대폰과 마찬가지로 일본이 한국과 중국에 시장을 내주게 되리라 우려한 것이다. 특히 인도네시아 자동차 시장의 일본 점유율은 본토보다 높은 95퍼센트를 차지하고 있어, 사실상 일본이 독점하는 시장이다.[14] 도요타 자동차가 30.3퍼센트, 다이하츠공업과 혼다가 각각 17.1퍼센트와 13.8퍼센트, 나머지 일본차 브랜드가 35.6퍼센트를 점유하고 있으며 비非 일본차 점유율은 3.2퍼센트에 불과했던 곳에 한국의 현대차가 진출하자 일본은 긴장하는 모양새다.[15]

　《일본경제신문》의 기자인 나카후지 레이中藤玲의 저서《싸구려 일본安いニッポン、日本経済新聞出版》도 2021년 3월에 출간된 후 스테디셀러로 안착해 있다. 책의 골자는 일본이 "저렴해졌다"는 것이다. 일본이 관광 대국이 된 이유는 바로

노구치 유키오 교수의《일본이 선진국에서 탈락하는 날》

엔저 효과 덕일 뿐이며, 일본인들의 임금 수준은 30년째 동결
돼 한국보다 연봉이 낮아 부동산 개발력이나 구매력은 없는
반면, 외국인이나 해외 부동산 업체들은 저렴해진 엔화 덕분
에 일본 내 건물들을 사들이고 있음을 말한다. 쉽게 말해 일본
은 현재 강한 통화, 강한 혁신, 강한 임금의 '고차원 자본주의'
가 아니라 낮은 혁신, 낮은 기술, 낮은 임금의 '싸구려 자본주
의'가 돼 버렸다는 것이 레이의 주장이다.

　　최근 일본에서 거시 경제학 분야 10주 연속 판매율 1위
를 기록한 노구치 유키오野口悠紀雄 교수의《일본이 선진국에
서 탈락하는 날日本が先進国から脱落する日》이란 책에서도 비
슷한 내용을 다룬다. 2022년 6월 한국에서도 번역 출간된 이
책의 골자는 'Japan as No.1'은 오랜 과거의 추억일 뿐, 몇 년
뒤엔 한국과의 경쟁에서도 뒤처지리라는 것이다. 한국의 평

균 임금이 일본의 3만 8515달러를 앞질러 4만 1960달러에 이른 현재, G7 회원국에서 일본이 탈락하고 그 자리에 한국이 들어와도 할 말이 없다고 한탄한다. 노구치 교수는 한국이 20여 년 만에 일본을 앞설 수 있던 근거로 세 가지를 제시하는데, 첫째로는 한국의 위기 대응력이 뛰어나고, 둘째로는 아베노믹스를 비롯한 일본의 환율 정책이 잘못됐으며, 마지막으로 일본 내에서 경쟁력을 높이기 위한 근본적인 정책이 나오고 있지 않다는 점이다. 엔데믹의 시대로 접어들며 2022년 10월부터 무비자로 일본 여행이 가능해진 터, 직접 일본을 방문할 여행객들은 '일본이 확실히 싸졌구나'라는 레이의 주장과 '일본이 선진국이 아닐지도 모르겠다'는 노구치 교수의 한탄에 동감할 가능성이 크다.

아베노믹스의 정치적 돌파구

한국은 2000년대 초반까지만 해도 일본 경제의 파트너에 불과했고 일본 입장에서 한국은 그렇게 큰 지분을 차지하지 않았다. 지금은 다르다. 2018년 1인당 국민 소득 3만 달러에 인구 5000만 명이 넘는 국가들의 모임인 '30-50 클럽'에 한국이 일곱 번째로 포함됐다. 30-50 클럽에는 1992년 가장 먼저 가입한 일본을 비롯해 미국, 영국, 프랑스, 독일, 이탈리아 등 과거 식민 지배의 경험이 있는 국가들이 속한 반면, 한국은 식민지로서의 경험이 있으면서도 경제적으로 자립한 유일한 국가라는 점에서 그 의미가 크다.

반면 일본은 어떤가? 아베가 집권한 2012년 12월부터 장기 불황의 늪을 빠져나오기 위해 물가 상승률 2퍼센트를 목표로 금융 완화와 엔화 평가 절하, 인프라 투자 확대를 중심으로 아베노믹스 정책을 실시해 왔음에도 불구하고 디플레이션에서 벗어나지 못하고 있다. 30년째 경제 성장률 2퍼센트를 넘지 못하는 경제 둔화 현상이 지속하고 있으며, 설상가상으로 2019년 10월부터 소비세가 8퍼센트에서 10퍼센트로 오르면서 일본 내수 시장은 활력을 잃어버렸다는 냉정한 평가를 받고 있다. 한마디로 'Japain(Japan+Pain)'에 빠진 일본 입장에선 과거 식민 지배를 했던 대한민국에 대한 우월감을 바탕으로 정치적 돌파구를 찾아야 했고, 그 돌파구가 바로 2019년 7월 일본의 수출 규제로 표면화된 것이다.

트럼프 대통령의 'America First' 정책처럼, 일본 정부가 내세운 'Japan First'는 2019 무역 보복 조치의 핵심이었다. 소위 '수출 관리'라는 명목으로, 한국이 주로 수입하던 반도체·디스플레이 제작의 세 가지 핵심 소재에 대한 수출 규제를 단행했다. 이 세 품목엔 EUV용 포토레지스트(일본 기업의 세계 시장 점유율 90퍼센트, 한국의 대일 수입의존도 93.2퍼센트), 불화수소(일본 기업의 세계 시장 점유율 80퍼센트, 한국의 대

일 수입의존도 41.9퍼센트), 그리고 불화폴리이미드(일본 기업의
세계 시장 점유율 90퍼센트, 한국의 대일 수입의존도 85퍼센트)가
해당하며, 여기에 더해 일본의 반도체 장비 전체 수출의 약
40퍼센트가 한국으로 넘어오고 있었다. 이 수치만 보면 한국
이 대일본 의존도가 높다는 구조적 문제가 드러난 것이기도
하지만, 달리 해석하면 일본 기업들이 한국의 반도체 산업 덕
에 수익을 올렸다는 의미이기도 하다.

　　대한민국 국민 대다수를 자의 반 타의 반 반도체 전문
가로 만들었던 일본의 수출 규제 조치가 한국 경제 성장을 저
지하기 위한 수단이었음을 당시 경제산업상 세코우 히로시게
世耕弘成는 분명히 말했다. 한국이 수출 관리 의견 교환에 응
하지 않은 점, 수출 관리에 관한 부적절한 사안이 발생한 점,
그리고 징용 노동자 문제에서 신뢰 관계가 무너진 점, 이렇게
수출 규제의 세 근거를 주제로 기자 회견을 자처한 바 있다.[16]

　　수출 규제 조치의 결정적 계기는 일제 침략 시절 일본
기업의 한국인 강제 동원에 관한 한국 대법원의 판결이었다.
2018년 10월 30일 한국 대법원이 일본 측에 일제 강점기 강
제 징용 피해자들에게 손해 배상 청구권을 인정하고 위자료
와 지연 손해금을 지급하라는 판결을 확정하자, 일본은 수출
규제라는 보복으로 대응한 것이다. 당시 보수 언론에서는 한
국이 재빨리 일본의 요구에 응하지 않을 경우 한국 경제가 단

번에 무너질 것 같은 분위기를 조성하며 탈일본화에 대한 회의적인 논조의 사설이 지배적이었다. 하지만 일본의 수출 규제로 인한 피해는 예상과 달리 눈에 띄지 않았을 뿐더러 소부장 산업의 국산화에 대한 강한 의지가 드러나며 한국이 앞으로 무엇을 어떻게 대처할지 고민을 꾀하는 전화위복의 계기가 됐다.

이어서 2019년 8월 28일, 일본은 백색국가white list에서 한국을 제외하며 한국의 경제 불확실성을 더욱 높였다. 백색국가는 일본의 안전 보장에 위협이 될 만한 첨단 기술이나 소재를 수출할 때 허가 신청을 면제하는 국가를 분류해 놓은 리스트로, 그전까지 아시아에서는 유일하게 한국이 포함돼 있었는데 수출 규제를 통해 한국을 제외하는 초강수를 둔 것이다. 게다가 1200여 개에 해당하는 품목의 허가 기준을 일일이 '건별 허가'로 전환했고, 그중에서도 대일 의존도가 높고 대체하기 어려운 159개 품목을 엄격하게 심사하기로 결정하며 한국 경제 전반에 타격을 주려는 조치를 취했다.

사실 이때까지만 해도 우리나라 기업들은 글로벌공급망이 원활하게 작동하고 있었기 때문에 대일 의존도가 높은 것에 큰 부담이나 위협감을 느끼지 못했다. 오히려 전환 비용switching cost에 대한 부담 때문에 일본 기술에 의존하는 편이 전략적으로 유리한 선택이었다. 그러나 일본의 경제 보복 조치로 상황이 급변하며 대한민국은 새로운 기술을 내놓아야 하는 상황에 놓인 것이다. 일본의 수출 규제가 없었더라면, 어쩌면 우리는 지금까지도 창조적 파괴creative destruction에 앞장서야 할 당위성을 찾지 못한 채 일본으로부터의 소부장 수입을 당연하게 여겼을지도 모른다.

수출 규제, 기회가 되다

일본이 수출 규제를 발표한 지 3년이라는 짧은 시간이 지났다. 결론부터 말하자면 일본의 예상과 달리 한국 경제는 타격을 받기는커녕 반도체 등에 필요한 핵심 품목의 대일 의존도를 현저히 줄였을 뿐만 아니라 소부장 산업을 강화하는 성과를 얻었고, 지금껏 한국 사회에 보기 드물었던 정치·관료·재계의 협력을 보여 주는 계기가 됐다.

예상치 못했던 일본의 조치에 우리 외교부는 외교 상호주의에 입각해 강경히 대응하는 한편, 불과 한 달여 만에 추경 예산을 편성해 2조 1000억 원 규모의 소부장 특별 회계를 신설했다. 범정부 차원의 단일 컨트롤 타워인 소부장경쟁력강화위원회를 신설해 신속한 의사 결정을 내렸으며, 소부장 특별법을 개정해 기업을 전면 지원했다. 그 결과 소부장 100대 핵심 품목의 대일 의존도는 수출 규제를 전후로 3년 사이에 31.4퍼센트에서 24.9퍼센트로 감소했다. 또 시가 총액 1조 원

이상의 소부장 중소·중견기업은 13개에서 31개로 2.4배가 증가하는 등 위기 극복을 넘어 세계적인 소부장 강국으로 도약하는 계기를 마련했다.[17] 특히 수출 규제 세 품목 중 불화수소의 대일 수입액은 6분의 1 수준으로 하락한 결과를 직시한 듯,《아사히신문》은 일본의 수출 규제가 오히려 일본 경제에 자충수로 돌아왔다면서 "3년째 어리석은 정책의 극치愚策の極み"라고 표현했다.[18]

뿐만 아니라 규제 발표 한 달 만에 한국과학기술원 KAIST 교수단 100여 명의 전·현직 교수와 서울대 기술자문 특별전담팀은 소부장 중소기업과 소통하며 산학 간의 협력을 보여 줬고, 국민들은 일본의 경제 보복에 항의하는 표시로 보이콧 재팬Boycott Japan 운동을 벌였다. 지금까지 국산 제품이 일본산보다 못하다는 가치함정Valuation Trap에서 빠져나와 착시 현상을 바로잡을 수 있게 된 것도, 그래서 일본 제품을 대체할 소비재를 찾아내는 현명한 소비 문화를 체득한 것도 큰 소득이다.

과거 같으면 엄두도 내지 못했던 소부장 국산화에 대한 공감대가 형성되며, 일본에 집중돼 있던 수입선 다변화의 실제 성공 사례도 등장하기 시작했다. 대표적으로 일본의 JSR 코퍼레이션과 벨기에 IMEC의 합작사인 벨기에 소재 RMQC로부터 극자외선 공정(EUV·Extreme Ultra Violet) 기술을 우회 수입했고, 여기에 미국의 듀퐁DuPont이 충남 천안에 공장을 신설해 EUV용 감광액을 공급하게 됐다. 반도체 부품 국산화에 대표적인 혜택을 받은 솔브레인Soulbrain은 반도체용 불산액 개발에 성공하면서 이를 삼성에 공급하게 됐고, SK쇼와덴코의 모회사 SK머티리얼즈는 2019년 말 불화수소 시제품 생산에 성공하면서 2020년 6월부터 양산을 시작했다. 스미토모에서 수입하던 FPFoamed Polystyrene 소재의 디스플레이는 한국의 도우인시스Dowoo Insys로 대체되면서 대일 수입 의존도를 낮췄다. 그 외에도 많은 일본 기업은 한국 내 생산 법인을 신설해, 기존에 일본에서 제조해 수출하던 제품을 한국에서 생산해 공급하는 우회로를 택하기도 했다.

지금까지는 품질을 선보일 기회조차 갖기 어려웠던 국내 중소·강소 기업들에게 소재와 부품의 품질을 검증받을 기회가 찾아왔다. 그 결과 수십 년간 일본에 의존해 왔던 반도체 배관 부품에서는 아스플로Asflow가, 반도체 비메모리 검사 장비에서는 엑시콘Exicon이, 반도체 감광액 세정 장비에서는 피에스케이PSK가 국산화에 성공했다.[19] 이들 강소기업이 성공할 수 있던 배경에는 일본의 수출 규제 이후 삼성과 SK하이닉스로부터의 지원과 대한민국 정부의 신속한 연구 개발 지원이 있었다. 아울러 삼성전자는 2022년 6월 말 다시 한번 세계 최초이자 유일하게 GAA 기술을 적용한 3나노 파운드리 공정

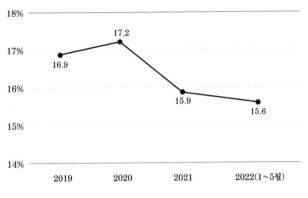

소부장 산업의 대일 의존도 추이

* 산업통상자원부 소부장넷.

기반의 초도 양산을 시작하며 대만의 TSMC보다 한발 앞섰다는 평가를 받고 있다.

사실 일본은 수출 규제를 제대로 시행할 수 있는 구조가 아니었다. 각국이 특화한 분야가 있고, 상호 의존 관계를 통해 글로벌공급망을 유지해 온 탓에 일본 역시 수출 규제를 단행할 경우 양날의 검처럼 공급망 피해를 입을 수밖에 없는 구조였다. 규제 발표 당시 일본 내에서도 부정적인 여론이 형성된 것은 물론, 이제는 많은 한일 관계 전문가들이 일본의 수출 규제가 이미 형해화形骸化됐기 때문에 재검토하는 방향이 합리적임을 강조하는 것이다.[20]

결과적으로 손익 계산서를 살펴보면 일본의 수출 규제는 자국에겐 자승자박이 된 반면, 한국에겐 기술 자립과 탈일본 기업화의 기회를 줘어 줬다. 실질적으로는 수출 규제 조치가 무력화된 것은 물론, 일본의 대한국 무역 비율 입지도 점차 줄어들며 그 자리를 한국이 육성하고 있는 솔브레인, 동진쎄미켐, 인텍플러스 등과 같은 소부장 기업들이 차지하게 됐다.

그렇다고 해서 미국이 중국과의 디커플링decoupling을 강력히 추진하듯 우리나라도 '탈일본'이 가능하다는 주장을 하는 것은 아니다. 몇 개 강소기업의 국산화가 시장 전체를 대변하지도 않는다. 도라에몽이 주머니에서 물건을 꺼내듯 첨단 부품 소재가 애국심 하나로 하루아침에 만들어지는 것도 아니며, 일본이 반백 년 쌓아 올린 기술력을 몇 년 만에 완성하자는 프로파간다를 설파하고자 하는 것은 더더욱 아니다. 당장 기술력에서 일본을 앞서긴 어렵다는 것을 모르는 사람은 없을 것이다. 그러나 최소한 글로벌공급망을 원활히 유지하려면 기술 개발과 수입선 다변화가 필요하고, 이를 위한 최소 조건은 '자급화'라는 이야기를 하고 싶다.

이제 우리에게 남은 숙제는 대일 의존도를 낮추는 차원을 벗어나 경제적 타당성을 고려하는 것이다. 일본이 수출 규제를 아직 철회한 것은 아니지만 이미 형해화되어 버렸기 때문에 현 정부가 굳이 일본을 압박할 필요도, 외교적 해법을 제시할 필요도 없다. 현 상황을 관리 유지하는 정도로 충분하다. 또 한국 기업이 모든 4차 산업 분야에서 자립할 필요는 없으며, 어느 나라도 그렇게 되긴 어려울 것이다. 다만 글로벌가치사슬을 고려해 특정 국가로부터 특정 소재·부품·장비의 의존도를 낮추되, 일본을 포함한 수입 공급선을 다변화해야 한다. 이제는 식민 지배라는 역사적 담론, 경제적 이익 몇 푼 언고자 고개 숙였던 과거에서 벗어나 경제력을 바탕으로 경쟁할 때다. 일본이 오랜 경기 침체로 피로감을 느끼고 있는 현재, 일본과의 기술 패권 전쟁에서 킨들버거 함정Kindleberger Trap[21]에 빠지지 않도록 글로벌 리더십을 보여 줄 한국의 어깨가 무겁다.

모병제가 낳은 일본군

서울 시내에 전차 한 대를 갖다 놓고 다룰 줄 아는 사람을 찾는다고 하면 전차장부터 포수, 조종수, 탄약병까지 모두 30분 내로 모여 전차 분대 하나가 곧바로 완성된다는 우스갯소리가 있다. 한국의 징병제가 만든 결과다. 대한민국 국민의 남성 75퍼센트 이상은 군용 소총의 분해와 조립, 사격 등을 학습하고 특기에 따라서는 박격포, 유탄 발사기, 대전차 미사일 등의 중화기를 다루는 역량도 갖추고 있다. 또 군대에 가지 않거나 병역 비리라도 드러나면 큰 사회적 불이익을 당할 정도로 한국은 병역 의무에 대한 국민적 관심이 높다. 현재 육군이 압도적인 규모로 커진 것 또한 징병제의 영향이다.

반면 일본은 패전 이후 군대가 사라졌고, 모병제 형태이긴 하지만 결국 공무원 신분인 자위대만 남아 있어 일체의 군 문화는 존재하지 않는다고 봐도 무방하다. 2차 세계 대전 이후 일본을 점령한 미국은 포츠담 선언 기조에 따라 연합군 최고사령부(GHQ·General Headquarters) 지휘 아래 일본 열도를 기준으로 새로운 평화 국가를 건설하려 했다. 하지만 소련과의 냉전이 시작되고, 중국에서도 공산당이 힘을 발휘하자 미국은 아시아-태평양 지역에서 공산화가 촉진될 것이라는 두려움하에 존 덜레스John Foster Dulles 국무장관을 특사로 보내 일본 정부에게 재무장을 요구했다. 일본을 무장 해제했던 미국이 다시 무장을 요구하는 모순적 태도에, 당시 일본 총리대신 요시다 시게루吉田茂는 1947년 제정된 일본국헌법 제9조의 '육해공군 보유 금지'를 핑계로 이 요구를 거절했다.

"日本國民は、正義と秩序を基調とする國際平和を誠實に希求し、國權の發動たる戰爭と、武力による威嚇又は武力の行使は、國際紛爭を解決する手段としては、永久にこれを放棄する。前項の目的を達するため、陸海空軍その他の戰力は、これを保持しない。國の交戰權は、これを認めない。"

"일본 국민은 정의와 질서를 기조로 하는 국제 평화를 성실히 희구하고, 국권이 발동되는 전쟁과 무력에 의한 위협 및 무력 행사는 국제 분쟁을 해결하는 수단으로서 영구히 포기한다. 전항의 목적을 달성하기 위해, 육해공군 및 기타 전력을 보유하지 않는다. 국가 교전권은 인정하지 않는다."

위 법에 따라 일본은 타국이 침략하지 않는 한 먼저 전쟁을 선포할 수 없다. '자위대'라는 애매한 이름이 붙은 것도 자위권만 있을 뿐 교전권, 즉 전쟁할 권리는 없기 때문이다. 그러나 1950년 6월 25일, 한국 전쟁이 발발하자 미국은 소수를 제외한 대부분의 주일 미군을 한국으로 옮겼고, 이때 빠져나간 미군을 대신해 경찰 예비대와 해상 경비대라는 준 군사 조직을 창설했다. 이후 두 조직을 합해 창설한 것이 오늘날의 자위대다.

1960~70년대 당시에는 요시다 독트린, 즉 전후 일본의 경제 성장을 위해 방위는 미국에 의존하면서 국방비는 최소한으로만 투자한다는 국가적 철학이 있었다. 그러나 고도성장기 이후 외교적 입지가 커지자 일본은 점차 적극적으로 군비를 확충하는 시도를 이어갔다. 소련이 붕괴하고 냉전이 종식된 후, 아예 일본의 보통국가화 목소리도 커졌다.[22]

아베 정권 이후부터는 자위대의 지위를 군대로 격상하기 위한 일본 내 움직임이 활발했다. 2014년 7월 1일, 집단적 자위권 행사가 가능하도록 각료회의 의결이 나며 주변 국가의 빈축을 샀지만 2015년 4월 미국 정부는 사실상 일본의 집단적 자위권 행사를 지원했고, 2015년 9월에 관련 법안이 통과되면서 자위대의 활동 범위는 넓어졌다. 2021년 7월 《동아일보》에선 일본의 아소 다로麻生太郎 부총리의 "중국이 대만을 침공하면 일본이 집단 자위권을 발동할 수 있다"는 발언을 소개하며 과거와는 다른 파장을 예견하기도 했다.[23] 그러나 만일 일본이 집단적 자위권을 행사하게 된다면 일본의 평화헌법 9조는 완전히 유명무실해질 뿐만 아니라 한반도 유사시 일본은 자국민 피난 및 동맹국인 미군의 피해를 이유로 한반도에 자위대 파병이 가능해지는 상황이 발생한다. 일본의 헌법 개정과 집단 자위권 행사 문제 등은 기본적으로 일본의 주권 영역이고, 한국의 영향력은 현실적으로 제한적이다. 현 기시다 총리 역시 평화헌법의 해석에 대한 수정을 찬성하고 있어 한국 정부 또한 이를 예의 주시할 필요가 있다.

한편, 2021년 기준 일본 자위대는 정식 군대가 아님에도 불구하고 전투력 순위는 전 세계 5위로 한국보다 한 단계 높다. 한국은 한 개도 개발하지 못한 군사 위성을 여섯 개나 보유하고 있으며 미사일 기술도 갖추는 등 각종 무기 개발에 큰 비용을 투자해 왔다. 특히 섬나라답게 해상 자위대의 전투력은 전 세계 3위로 수년간 5위권 밖을 벗어난 적이 없을 정도로 강하다.

하지만 자위대만의 단점들이 있다. 첫째, 상술했듯 자위대는 선제공격을 할 수 없다. 둘째, 2014년 이후 자위대의 모든 부서에서 목표 병력을 충원하지 못해 고령화가 진행 중이다. 현재 통계로도 자위대 총 병력의 3분의 1이 40대며, 이러한 고령화 현상은 앞으로 가속될 것으로 예상된다.[24] 셋째, 간부들의 학력 편차다. 한국의 군 간부들은 보통 사관학교나 대학 재학 중 ROTC 훈련을 통해서도 육성된다. 반면 일본은 방위학교 졸업생 이외에 모병제로도 간부가 될 수 있기 때문에 대령급인데도 중졸자가 있을 정도로 학력 편차가 심하다.

한일 군사력 현황

	대한민국	일본	1위국(참고)
군사력	6위	5위	미국
전투력	7위	6위	미국
총 병력 (단위: 현역+예비역, 명)	2위 (58만+512만=670만)	20위권 밖 (25만+5천=30만)	북한 (110만+666만=776만)
국방비 (단위: 10억 불/GDP대비%)	10위 (45.7/2.8%)	12위 (49.1/1%)	미국 (778/3.7%)

* 2022년 기준, 저자 정리.

미군의 대졸자 비율이 84퍼센트인데 비해 일본 자위대의 대졸자 비율은 45퍼센트, 고졸자 비율은 50퍼센트 수준으로 훨씬 낮다.[25]

예비군에서도 한국과 일본은 차이를 보인다. 한국은 1948년 11월 20일 이승만 대통령이 호국군으로 예비 전력을 편성했다가 1949년 4월 폐지한 이후 1961년 향토예비군설치법을 발의했는데, 1968년 4월 박정희 대통령 암살 미수 사건을 계기로 다시 예비군을 설치한 바 있다. 현재 한국은 휴전이라는 특수한 상황 때문에 상비군뿐만 아니라 예비군에서도 많은 병력을 필요로 한다는 점에서 규모의 예비군을 확보하고 있다.

한국과 달리 일본은 1954년 자위대 발족과 동시에 '예비 자위관 제도'를 도입했고, 1997년엔 제도의 능률을 높이고자 '즉응 예비 자위관 제도'를 도입했다. 2001년에는 예비 자위관을 안정적으로 확보하고 민간 전문 기술을 활용할 목적으로 '예비 자위관 보조 제도'를 도입해 채용을 시작했다. 기존 예비 자위관은 퇴임 후 자위대에 들어가는 방식이었다면, 예비 자위관 보조는 엄연히 하나의 직무로 인정돼 민간인이 일정 훈련과 교육을 수료하면 임용되는 형태가 된 것이다.

예비군의 활동도 다르다. 한국은 주로 북한 관련 소집 등 전시 상황 대비를 주목적으로 예비군을 동원하지만, 일본은 주로 재해 관련 사태를 수습하기 위해 예비군을 소집한다. 대표적으로 지난 1968년 11월 북한 유격대가 남한에서 반정부 민중 봉기를 일으킬 거점을 마련하기 위해 울진과 삼척으로 침투한 적이 있는데, 이때 우리 군은 대간첩대책본부를 세우면서 향토 예비군까지 동원해 소탕 작전을 벌였다. 반면 일본은 이러한 전투 목적으로 예비 자위관을 소집하는 경우가 거의 없으며, 자위관의 주 임무는 재해 수습이다. 대표적으로 2011년 동일본 대지진 당시 피해를 수습하기 위해 소방대원과 자위대, 그리고 예비 자위관이 함께 동원됐으며 2016년 4월 14일 구마모토熊本에서 진도 6.5의 지진이 발생했을 때 역시 자위대와 예비 자위관을 소집한 바 있다.

지난 2021년 전 세계 군사력 평가 단체(GFP·Globla Fire Power)가 집계한 한국 예비군 수는 310만 명이었던 반면, 일본의 예비 자위관은 5만 5000명에 불과했다. 이는 누군가 예비 자위관을 직업으로 택하거나, 또는 민간인이 발탁된다 해도 지원이 많지 않기 때문에 드러나는 차이다. 더 큰 문제는 일본 자위대가 모병제 기반이란 점에서 지원자가 없을 시 유지되기 어렵다는 점이다. 지원자가 점점 줄어들자 일본은 2018년 10월부터 자위관이 될 수 있는 지원자의 연령 제한을 18세 이상 27세 미만에서 18세 이상 33세 미만으로 변경했지만, 그 수는 여전히 부족하다. 이는 대졸자 취업률이 97퍼센트에 이르고 구인배율이 1.6배에 이르는 일본의 상황과도 맞물리며 심각한 인력 부족에 직면하고 있다. 저출산 고령화 문제가 군사력에도 영향을 미치는 지금, 모병제를 취하는 일본은 보다 근본적인 대책이 필요해 보인다.

방위산업의 기틀을 마련하기까지

지난 1970년, 우리나라는 '자주 국방력 확보'라는 목표 아래 국방과학연구소(ADD·Agency for Defense Development)를 설립했다. 1974년 일명 '율곡사업'을 시작으로 소총부터 미사일, 전차 등 무기 생산을 본격화한 결과 재래식 무기의 국산화에 성공했으며, 1980년대에는 방위산업의 전문화·계열화를 진행하며 빠르게 성장했다. 그 결과 K-9 자주포를 비롯해 잠수함, 구축함 등의 대규모 사업으로 방위산업 육성에 속도를 붙였고, 2006년에는 방위사업청이 출범하면서 산업 수출을 추진했다. 이후 한국의 방위산업은 2012~2016년 기준 연평균 22.2퍼센트의 높은 성장세를 기록하며 2015년에는 글로벌 방위산업 10위권에 들어섰다.

일본은 어떨까? 1945년 제2차 세계 대전의 패배 이후 무기 개발과 생산은 금지됐지만, 1950년 한국 전쟁을 평계로 무기 보수와 정비를 통해 군수 산업 성장의 발판을 마련했다. 이후 1954년에는 '자위대'라는 이름으로 사실상 군대가 부활하며 병기류 개발 역량을 빠르게 회복했다.

그러나 일본의 방위산업이 본격 성장한 것은 1970년대
부터다. 당시 나카소네 야스히로中曾根康弘 방위성 장관이 '방
위 장비 개발 및 생산의 기본 원칙'을 발표했고, 1986년부터
는 동맹국인 미국에 한해 무기 기술 공여를 예외로 인정하기
시작하면서 미국을 통한 제3국 수출이 가능해졌다. 이후 아
베 정권 시절이었던 2014년 4월부터는 일본의 평화주의를
상징하던 무기 수출 3원칙을 47년 만에 폐기하고 '방위 장비
이전 3원칙'을 신설했다. 여기서 3원칙은 분쟁 당사국과 유엔
결의 위반국에는 무기를 수출하지 않되, 평화와 일본 안보에
기여하는 경우에 한해서는 무기를 수출하고, 수출 상대국에
의한 목적 외 사용 및 제3국 이전은 적정한 관리가 확보되는
경우로 한정한다는 내용이다. 이로써 일본은 사실상 무기 수
출 금지의 족쇄가 완전히 풀리게 됐다.

일본 방위성은 2015년 한국의 방위사업청에 해당하는
방위장비청을 신설했다. 방위장비청은 무기의 구상→연구·
개발→취득→정비→구입→수출까지 일원화했으며, 방위성
전체 예산의 40퍼센트에 해당하는 예산을 매년 집행하고 있
다. 1990년대부터 지금까지 각종 무기 및 부품의 국내 생산
을 강조해 제조 실력을 키워 온 결과, 일본 방위산업은 국산화
율 90퍼센트 이상을 달성했다.[26]

현재 일본 방위산업은 다수의 중소업체와 대기업이 협력해 안정적인 산업 구조를 이루고 있다. 부품 수출과 기술 이전은 이미 오래전부터 진행 중이고, 높은 수준의 소재 산업들을 군수 분야에 접목해 방탄복과 안전복 등 특수복을 만들고 있다. 특히 최근엔 공적개발원조ODA를 통해 동남아에 군수 장비를 제공·납품하는 등 방위 장비 수출에 나서며 기존 내수 위주 방산 시장의 고질적인 문제를 타개하려 한다.

한국 또한 방위산업 수출 규모가 지속적으로 증가하고 있는데, 그 이유는 정부가 적극적으로 수출 산업화를 추진한 결과 한국 방산 기업들의 인지도가 상승했기 때문이다. 한국은 현재 권총과 소총을 비롯한 개인 총기류부터 자주포, 함정과 잠수함, 그리고 공군의 전투기까지 세계 군수품 시장에서 각종 무기를 수출하는 국가의 반열에 올랐다. 다만 핵심 부품의 국산화 역량은 아직 60퍼센트 수준으로, 일본의 90퍼센트에 비해 저조한 상황이다. 또 우리나라는 한화디펜스나 현대로템 등 소수의 기업만이 방산에 참여하고 있다. 만약 대기업과 중소기업의 격차가 심해질 경우, 국내 방위산업은 실적 면에선 성장할 수 있어도 대기업 중심의 불균형한 시장을 조성할 위험이 있다. 민간 업체 및 협력 업체를 적극적으로 구성해야 하는 이유가 바로 여기 있다.

이렇듯 한국과 일본은 전혀 다른 방식으로 방위산업을

진행해 왔다. 일본은 제2차 세계 대전의 패배 이후 방위 품목의 국산화에는 성공했으나 이 성공이 무기 수출로 이어지지는 못했다. 반면 한국은 방위 품목의 국산화를 토대로 해외 시장을 개척했으며, 이제는 국산화율을 높이는 동시에 K-방산까지 접수할 미래를 그리고 있다. 단지 꿈같은 이야기가 아닌 이 계획을, 다음 장에서 자세히 다루고자 한다.

세일즈 국가로의 도약

한국 방위산업은 이제 '방산 메이저 리그'에 진입했다고 평가받는다. 국내 방산 수출액은 지난 2019년 16억 달러를 기록한 뒤 불과 2년 만인 2021년 70억 달러로 네 배 이상 증가하며 전 세계 방산 시장 수출의 2.8퍼센트를 점유하고 있다.[27]

지난 2022년 6월 한국형 우주 발사체 '누리호'를 띄운 한국항공우주산업KAI은 우주 산업뿐 아니라 한국형 차세대 전투기 KF-21 '보라매'와 소형 무장 헬기(LAH·Light Armed Helicopter), 민수 헬기(LCH·Light Civil Helicopter) 등을 개발하면서 국내 방위산업을 이끌고 있다. 공격용 헬기를 설계하고 양산하는 나라는 전 세계 일곱 개 국가에 불과할 만큼 어려운 기술력을 한국이 이룩한 것이다. 2022년 8월 3일 이집트의 카이로에서 열린 '피라미드 에어쇼 2022'에 파트너로 참가한 대한 공군 곡예비행팀 블랙이글스Black Eagles는 피라미드 상공을 비행하며 한국 항공 기술의 우수성을 입증했으며, 우리나라에서 만든 최초의 다목적 경전투기 'FA-50 파이팅 이글'도 이집트와의 공동 생산 방안을 협의 중이다. 또 현대로템에서는 북한이 보유한 대부분의 전차를 파괴할 만큼의 화력을 자랑하는 'K2 전차'를 생산하고 있다. 2008년 독일을 제치고 터키에 기술을 수출했고, 2022년 7월 27일에는 폴란드가 우크라이나 전쟁 이후 군비 강화에 나서면서 K2 전차 1000대와 K-9 자주포 600여 문, FA-50 경공격기 48대를 주문한 바 있다.

1978년에 방위산업에 진출한 한화디펜스의 K9 자주포는 일본과 중국의 자주포보다 가격이 저렴하고 성능이 우수해 대한민국 방위 수출의 효자 제품으로 등극했다. 2001년 터키 수출을 시작으로 2022년 2월에는 2조 원 규모를 수출했으며, 2022년 1월에는 아랍에미리트에 4000억 원 규모의 요격 미사일 '천궁Ⅱ' 발사대를 수출하는 등 글로벌 자주포 시장 점유율 1위(69퍼센트)를 차지하며 K-방산에 박차를 가하고 있다. 노르웨이는 자주포 도입 사업을 진행하던 중, 독일의 PzH-2000 자주포가 가격이 비싸다는 점에서 K9 자주포를 대신 택했다. 핀란드도 독일 PzH-2000 가격의 3분의 1인 약 3억 8000만 달러에 K9 자주포를 계약했으며, 인도도 기존에 사용하던 중국 및 소련제 자주포보다 성능이 뛰어난 K9에 눈을 돌렸다. 이외에도 아랍에미리트는 2022년 LIG넥스원이 K-방산에 합류하면서 4조 2000억 원 규모의 천궁Ⅱ 수출 계약을 맺은 바 있다.

그렇다면 일본은 어떤가? 일본은 전문 방산업체가 부재하고, 일부 기업이 방위산업의 각 분야를 담당하는 형태다. 2014년 방위 장비 수출의 물꼬를 튼 이후 2020년 8월 28일 미쓰비시전기가 만든 장거리 대공 감시 레이다 세 대와 이동식 대공 감시 레이다 한 대를 필리핀에 수출한 바 있으며, 그 기세를 몰아 수출량을 늘리고자 동남아 국가들과 협상을 벌여 왔다. 대표적으로 2020년 10월 19일, 스가 총리가 첫 해외 순방 국가로 나선 베트남에서는 방위 장비 및 기술 수출 협정을 체결했고, 인도네시아와도 방위 장비 수출과 기술 이전 회담을 진행하기로 합의했다. 그러나 일본은 아직 방산 수출 경험이 부족하고 업체들 또한 미진한 태도를 보인 탓에 실제 거래는 지지부진하게 끝나는 경우가 많았다. 2015년 인도에, 2016년 호주에, 2018년 프랑스 그리고 독일에 방위 장비를 수출하기로 하고 협정에 서명까지 했지만 구매로 이어진 건 은 없었다.

현재 일본 방산 1위 기업인 미쓰비시중공업의 총 매출 중 방위산업이 차지하는 비율은 6퍼센트에 불과하다. 상술했듯 일본에서 방산은 대기업이 산업의 일부만을 맡는 구조이기 때문이다. 미쓰비시중공업이 전차 한 량을 만들기 위해선 약 1300여 개의 중소기업이 달려들어야 하는데, 직공 기술자들은 점점 줄어들고 중소기업의 후계자는 찾기 힘든 상황에서 방산에 투자하거나 연구·개발을 지원할 유인insentive은 높지 않다. 그래서 일본의 방산은 정부가 주도하지 않을 경우 기업이 사업 규모를 키우려는 동기가 크지 않다는 단점이 있다.

더구나 일본 정부의 방산 계약은 꾸준하지 않고 산발적으로 이뤄져서 실제 마진이 발생하기 어려운 구조다. 특히 무기 수출은 가격뿐만 아니라 현지 생산과 기술 이전, 그리고 군사 지원 등에 관해 수출 상대국과 관민 일체의 협상 체제가 필요한데, 일본은 아직 이런 시스템이 구축돼 있지 않다. 오랜 기간 엄격히 금지됐던 수출이 2014년이 돼서야 풀렸기 때문에 아직은 방산 영업을 위한 준비가 충분치 않다. 이에 비해 우리나라는 이명박 정부 때부터 방산 수출을 본격화하면서 각국 정상들을 만나 가성비를 무기로 세일즈를 해왔으며, 윤석열 대통령 또한 2022년 6월 스페인에서 열린 나토 정상회의에서 각국 정상들을 상대로 무기 영업을 벌이기도 했다.[28]

방산이 과거엔 정부가 주도하는 내수형 보호 육성 산업이었다면, 이제는 기업이 주도하는 시장 중심 산업으로 변하고 있다. 즉, 민간 기업 입장에선 블루오션인 것이다. 향후 일본 정부가 관민 협력을 통해 국제 수출 등에 힘을 실어 줄 경

우, 이는 한국의 방산을 위협하기에 충분하다. 이에 대비하고
자 우리나라도 기업 위주의 수출 방식에서 벗어나 적극적인
외교 전략을 취할 필요가 있다. 1960년대 고도성장 당시 국
제 사회에서 일본 이케다 수상池田勇人의 별명은 일제 가전제
품을 판매하는 '세일즈맨 이케다'였다. 우리나라 정부에게도
기대되는 타이틀이다.

평화헌법, 발목을 잡다

제2차 세계 대전 이후 2014년까지, 일부를 제하고 사실상 무
기 수출이 금지됐던 일본은 방위산업을 내수 중심으로 진행
해 왔다. 소총류 같은 비교적 간단한 소화기나 거대한 틀들은
국내 개발과 참고 품목 구매 방식으로 빠르게 성장했고, 전차
나 함정 그리고 기체에 사용되는 특수 기술에선 국제 공동 개
발 및 생산을 채택했다.

　　지금이야 우리나라가 중·후발국을 상대로 가격 경쟁력
을 앞세우며 무기 수출에서 일본의 우위를 점하고 있지만, 과
거엔 지상·해양·항공 분야를 중심으로 일본이 한국보다 우
세했다. 개발 초창기였던 1950년대부터 국산화 정책을 추진
한 결과 이미 1970년대 중반에 대부분의 무기를 국산화하는
데 성공했으며, 실제로 우리나라가 PAC-3 탄도 미사일 요격
시스템을 도입할 당시 부품의 30퍼센트가 일본산이었다. 최

근 일본의 항공 자위대가 F-2 전투기의 후계기로 스텔스 전투기 F-35 시리즈를 미국과 공동 개발·배치한다는 기사 등을 보면, 일본은 이미 상당 수준의 기술력과 군사력을 보유하고 있음을 짐작할 수 있다.[29]

또 일본은 자국을 알리는 목적으로 세계 시장에 여러 차례 군수품을 공여했다. 필리핀에 전투 능력을 지닌 순시선 열 척과 TC-90 훈련기를 공여했고, 말레이시아에는 대형 순시선 한 척과 P3-C 대잠 초계기의 노후 장비를 무상으로 제공하는 등 동아시아권 우방국들에게 공들이고 있다. 그러나 아직까진 이렇다 할 무기 수출 거래를 성사시키진 못했는데, US-2라는 기체를 인도에 수출하기로 했지만 한 기체에 100억 엔이 넘는 가격 부담으로 거래는 무산됐으며 호주와의 잠수함 사업에서도 본격적인 실적을 내지 못하고 있다.

문제는 가격이다. 2차 세계 대전의 전범국이라는 꼬리표와 오랜 시간 지속해 왔던 무기 수출 3원칙에 발목이 잡힌 결과, 내수 위주의 제품을 개발하며 가격이 상승한 것이 세계 무기 시장에서 뒤처지는 원인으로 지목되고 있다. 결국 일본산 군수품을 필요로 하는 곳은 현재로서는 자국 내 자위대가 유일하다. 또 하나, 평화헌법에 근거해 자위대 편제 이상의 무기를 비축할 수 없다는 점이 발목을 잡는다. 패전 후 미美 군정하에 공표된 일본국헌법, 일명 평화헌법의 제9조가 전쟁 및 무력행사의 포기, 군대 보유 금지, 교전권 부인 등의 내용을 담고 있어서 선제공격이 금지돼 있기 때문이다. 그래서 탄도 미사일을 개발하거나 소유할 수 없으며, 군사 장비 또한 정해진 수요량만 생산해야 한다.

즉, '생산 → 보급 → 종료'라는 단순한 구조에 갇혀 대량 생산이 불가하다. 이에 따라 일본 장비는 필요한 수량이 책정되면 그 이상을 넘기지 않는 주문 제작 형식으로 만들어져 가격이 매우 비싸지고, 그러다 보니 일본 방산 업계는 해외 수출을 위한 준비가 미흡해 특유의 갈라파고스화가 진행된 것이다.

그렇다고 일본의 육상 자위대가 불리하다고만은 할 수 없다. 섬나라 일본은 육상 전력을 많이 필요로 하지 않는다. 선제공격을 염두에 두지 않고 오직 자위권을 통한 방어만을 상정하며, 구 일본제국군과는 달리 모병제를 통해 병력을 충원하기 때문이다. 사면이 바다로 둘러싸인 섬나라라는 점에서, 오히려 일본의 적군 입장에선 상륙 작전이 필수다. 미사일 등의 장거리 타격 무기로 일본을 공격할 수는 있겠지만, 시대가 변해도 전장에서 땅에 깃발을 꽂는 역할은 지상군이다. 그래서 일본을 점령하고자 하는 국가는 상륙 작전에 엄청난 전력을 소비할 수밖에 없는 반면, 일본의 육상 자위대는 주로 해상 자위대의 방어를 이미 한 번 뚫고 상륙한 적군의 병력을 본토 내에서 제거하는 정도라서 많은 병력을 요하지 않는다.

일본 자위대와 달리 한국 육군은 무기를 개발하고 장비를 소유 및 수출하는 데 제한이 거의 없으며, 가격 경쟁력에서도 우위다. 오히려 세계 유일의 분단국이 갖는 특수한 상황과 적극적인 방산업 개발 및 수출에 따라 소위 '가성비 높은' 무기를 생산하는 나라로 자리 잡았다. 이는 곧 기술력이 부족해 무기를 수입해야 하는 중·후발국들 입장에서 한국과 무기를 거래하는 이유이기도 하다. 다만 한국은 1980년대 후반부터 범용 부품의 국산화를 추진했으나 점유율이 아직은 66퍼센트대에 머물러 있으며, 국방 과학 기술 수준의 경우 2021년 기준 일본이 8위, 한국이 9위로 한 단계 낮다. 그러나 이 또한 극복할 수 있는 수준으로, 현 윤석열 정부는 취임 100일 기자회견에서 "세계 4대 방산 수출국에 진입해 대한민국을 방산 강국으로 도약시키겠다"고 발표하고, "국방 연구·개발 예산 비중을 꾸준히 늘리고 해외 유수 방산업체의 인수·합병을 통해 한국 방산 기업의 몸집을 늘릴" 계획을 발표한 바 있다.[30]

사실 북한, 중국, 러시아라는 거대 세력과 국경을 맞대고 있는 대한민국이 선택할 수 있는 여지는 그리 많지 않다. 그렇기에 대한민국 육군의 힘은 막강한 기갑과 포병 전력에서 나온다. 전시 상황에서 대규모 기갑 세력을 상대해야 할지도 모른다는 점에서, 압도적인 육군을 보유해야 하는 지정학적 요인이 작용하는 것이다. 2021년도 기준 한국의 총병력 53만여 명 중 무려 39만 명(약 75퍼센트)이 육군으로, 이는 국가 규모에 비해 굉장히 많은 편이다. 진보적인 3세대 전차를 수천 단위로 보유하고 있으며 자주포 전력 규모는 미군도 능가할 정도다. 수도권 바로 위에 북한을 이고 있는 준 전시 국가인 동시에 서방 세계의 일원으로서 중국군과 러시아군까지 상대할 수 있는 특수한 입장이기에, 육군은 80년대의 대규모 화력전을 상정하는 교리를 유지하며 지금까지도 그 전력을 증강하고 있다.

묵묵한 시민상이 만든 사회

정치적 소극주의의 기원

지난 2016년 박근혜-최순실 게이트가 언론에 보도되자 국민들은 박근혜 대통령의 하야를 요구하며 대규모 촛불 시위를 벌였고, 이는 전국 곳곳으로 번지며 정치에 대한 국민적 관심을 끌어올렸다. 이에 대해 2017년 3월 일본 《산케이신문》의 한 논설은 "친북 대 반북의 대리전쟁"이라며 "북한에 동조적인 좌익 세력과 나라를 지키려는 애국 세력 간 치열한 싸움"이라고 폄하하기도 했지만, 이는 민주주의民主主義 문자 그대로 백성이 주인 되는 한국식 민주주의가 잘 표출된 하나의 상징적인 사건이다.

한국식 민주주의는 과거 한국 전쟁 이후 4·19 혁명과 5·18 민주화 운동에서부터 그 맥락이 시작됐다. 1987년, 연세대학교 이한열 군의 사망과 서울대학교 박종철 고문 사건 등이 불씨가 되어 전국적으로 번진 '독재타도'의 외침은 대학생들을 중심으로 군부 독재 사회를 민주 사회로 바꾸는 계기가 됐다. 오죽하면 총칼도 두려워하지 않고 '민주주의여 만세'만 된다면 '나 태어난 이 강산에 투사'가 되고자 수많은 대학생들이 분신하기까지 했겠는가.

반면 일본에선 좀처럼 집단 시위를 통해 정부에게 항의하는 활동을 찾아보기 어렵다. 한일 양국은 민주주의 체제를 채택하고 있다는 점에서는 같지만, 각 국민의 정치 참여도는 매우 다르다. 일본 국민들은 정치 참여 의지가 적은 편인데, 그 배경은 1854년 미국에 의한 강제 개항에서 찾을 수 있다. 당시에는 근대화 과정에서 선별된 특수 계층만이 투표에 참여할 수 있었으며, 근대화 이후 봉건 사회적 신분제가 폐지됐다고는 하지만 이들의 재산과 지역적 특권은 사라지지 않고 오늘날까지 암묵적으로 이어지면서 현실 정치를 움직여 왔다. 특정 지역구의 국회의원이 대대로 세습하며 당선되는 경우가 이에 대한 반증이기도 하다. 현대 민주주의 교육을 받은 일본 대학생들조차도 정치 권력의 분배가 과정부터 잘못됐다는 것을 인식하면서도 이를 마치 국가적 전통인 양 무덤덤하게 받아들이고 있고, 그 결과 잘못된 사회 문제와 시스템에 대해 집단행동은 엄두도 내지 못하는 것이다.

물론 일본도 과거에는 정치·사회적 집단행동이 활발했던 적이 있었다. 패전 후 1960년 6월, 미국 주도의 냉전 체제에 가담하게 될 일미안보조약 체결에 반대해 학생뿐만 아니라 노동자와 시민들까지 일본 국회의사당을 둘러싸고 대규모 반대 시위운동을 벌여 기시 노부스케岸信介 내각을 물러나게 했다. 1960년대 베트남 전쟁이 터졌을 땐 전국 300여 개 시민 단체가 연대하여 만든 '베트남에 평화를! 시민 연합ベトナムに平和を! 市民連合'이 주도한 시위에 수백만 명이 자발적으로 참가해 일본 정부 측에 전쟁에 협조하지 말 것을 요구하며

미국 정부의 전쟁에 반대한다는 의견을 당당히 전했다. 그러나 경제 성장 과정에서 일본 국민의 대부분이 여유로운 중산층으로 자리 잡으며 정치적 관심은 옅어졌고, 학생 운동의 주역과 시민운동을 이끌었던 리더들이 지금은 자취를 감추고 사라져 버렸다. 386세대, 586세대 등으로 일컬어지며 과거의 운동가들이 아직도 국내 정치의 깊숙한 곳까지 뿌리내리고 있는 한국과는 대조적이다.

길거리 시위도 마찬가지다. 코로나19로 확진자가 속출했을 때 제대로 대응하지 못했던 스가 정권의 부실 대응을 비판하면서 일부 젊은 층들이 거리로 나섰지만 정부를 강하게 꾸짖는 집단행동은 찾아보기 어려웠다. 정치적 효능감political effectiveness이 낮은 탓도 있지만, '화和'를 중시하는 일본인들의 특성상 시민들의 집단행동을 탐탁치 않게 보는 시선이 많기 때문이다. 화합을 최우선에 두는 분위기 속에서 누군가가 모난 역할을 자청하기는 부담이 큰 탓에, 결국 "일상 속에서 할 일을 묵묵히 하는 것도 바람직한 시민"이라는 역할론으로 무기력함을 정당화하는 분위기가 만연하게 됐다. 반면 한국은 과거 민주화 운동을 통해 시민의 힘으로 쟁취한 역사를 경험했기에 정치·사회적 이슈에 목소리를 내야 세상이 바뀐다고 믿는 힘이 강하다. 자신이 행동하면 세상이 바뀔 수 있다는 믿음이 정치적 효능감, 더 나아가 적극적인 정치 참여 의지로 이어지는 것이다.

일본인들의 정치 참여도가 낮은 또 다른 이유는 종교에서 기인한다. 우선 일본은 우리나라와 같은 유교 문화권이지만, 마치 오렌지와 레몬처럼 겉모습만 비슷할 뿐 본질에서는 차이가 크다. 한국에선 유교가 조선시대 전체를 장악한 하나의 사상이었지만, 일본은 유교를 교양을 쌓는 학문 영역으로 한정했을 뿐 통치의 근간으로 활용하진 않았다. 국가 권력과 결합되지 않았고 쇼군將軍이나 다이묘大名 역시 유교에 큰 관심을 두지 않은 결과, 유교는 유학자들끼리 자유롭게 토론하고 연구하는 대상 정도로만 인식됐다.[31]

특히 일본은 무가武家 권력을 주축으로 한 신분제 사회였기에 권력은 왕실이 아닌 쇼군에게서 나왔다. 가마쿠라 막부鎌倉幕府(1185~1333)에서 에도 막부江戸幕府(1603~1868)에 이르기까지 일본 천황은 권위만 있을 뿐 실질적인 지배는 쇼군의 권력에서 나왔고, 부동의 계급 사회는 680여 년간 이어져 왔다. 따라서 유교가 문치적 이상보다는 마치 오늘날 대학의 교양 수업처럼 한문 학습의 도구, 순수한 학문적 관심으로 한정되다 보니 일본의 유학자들은 조선의 선비들만큼 국정에 목소리를 내기 어려웠다.

에도 시대 전기의 유학자이자 고의학의 창시자였던 이토 진사이伊藤仁齋(1627~1705)가 의학을 포기하고 유학자가

이토 진사이 초상.

되겠다고 했을 때 온 집안이 나서서 말렸다고 하는데, 이는 마치 오늘날 의과대학 합격을 포기하고 철학이나 인문학을 전공하겠다는 것과 다름없는 선택이었기 때문이다.[32] 그만큼 유교를 통한 출세는 기대할 수 없는 사회가 일본이었다.

또 조선과 달리 일본은 소위 '한탕주의'가 없었다. 조선은 과거 시험을 통해 관리로 등용될 경우 신분 상승이 가능했던 반면, 일본식 카스트 제도에선 계층 간 이동이 불가능했다. 이는 일본 사람들이 어떤 상황에 닥쳤을 때 '이게 운명이려니' 하고 최선을 다하는 경향으로 굳어져, 주어진 일에는 충실하지만 사회 변화 및 현실 정치에 대해서는 비교적 무관심해지는 문화를 정착시켰다. 그 결과 현재 일본은 정치인들이 지역구를 자식이나 친인척에게 세습해도 시민들은 '주군의 판단이겠지'라 생각하며 자연스럽게 수용하는 분위기다.

그렇다면 일본은 왜 한국과 달리 유교의 영향이 크지 않았을까? 일본은 메이지 유신 이후 근대 국가를 이루기 위한 발판이자, 국민 통합과 이데올로기적 도구로서 유교 논리를 끌어들였다. 1890년에 만들어 낸 교육칙어教育勅語에는 국민들에게 천황의 신민으로서 '충성'과 '복종'을 강요하는 내용이 담겨 있다. 일본 민주주의의 대표적 학자 마루야마 마사오丸山眞男는 일본이 유교를 타자화하고 주자학을 배제하면서 근대의 길을 돌파해 나갔다고 분석한다.[33] 조선과 중국의 유교가 주자학을 받아들이면서 효孝와 선비 사상을 강조한 명분론이었다고 한다면, 일본은 같은 유교를 받아들이면서 효보다는 충忠 이념에 더 큰 가치를 뒀기 때문에 무武 사상, 즉 사무라이 정신을 강조했다는 것이다. 사회에서의 권위와 복종을 중시하는 논리를 천황과 백성, 주인과 종, 스승과 제자, 부모와 자식 등의 모든 인간관계에 확대 적용했다. 충성은 곧 주군의 의리를 지키는 것이고, 의리를 다하는 것은 곧 은혜를 갚는 것이며, 이것을 무사의 최고 명예로 삼았다. 그래서 에도 시대 신도학자였던 요시카와 고레타리吉川惟足(1616~1695)는 무사의 기본 수양에 대해 "주군을 위해 부모를 버릴 수는 있어도, 부모를 위해 주군을 버릴 수는 없다"고 했다.

'사람은 사무라이, 꽃은 벚꽃人は武士' 花は桜'이라는 일본 속담이 있는데, 이는 꽃 중에서 가장 아름다운 꽃이 벚꽃이며, 사람 중에선 충을 중시하는 무사가 가장 뛰어나다는 것을 강조한 말이다. 에도 시대 중기 아코우 사건赤穗事件을 각색한 소설《츄신구라忠臣蔵》가 이를 잘 표현하고 있다. 억울하게 죽임을 당한 쇼군을 위해 복수하는 창작 작품이지만, 실제로 도쿄 시나가와品川의 센가쿠지泉岳寺에는 이 소설에 등장하는 할복한 무사 47인 전원의 묘지가 있고 이들을 기리기 위해 참배하는 사람들도 있다. 충성을 위해서는 죽음도 불사하는 희생정신과 의리가 오토코(男, 사나이)라는 것이며, 이는 어린아이들에게 충을 교육할 때도 자주 인용하는 이야기다.

그러나 이 같은 정신이 일본의 '옛날 옛적에'만 통용되는 것은 아니다. 옳고 그름을 판단하는 대신 권력에 순응하는 것이 미덕이라 교육받은 일본 국민들은 집단과 주군에 대한 충을 가랑비에 옷 젖듯 자연스럽게 받아들였고, 이것은 태평양 전쟁이 한창이던 제2차 세계 대전 말, 자살이나 다를 바 없는 가미카제 특공대의 테러까지도 가능케 했다. 일본에서 기독교가 여전히 주류 종교로 정착하지 못한 채 하나의 서구 문화라는 인식이 강한 것 역시 비슷하게 해석할 수 있다. 회개하면 용서받을 수 있다는 기독교 정신은 전통 사무라이 문화에서 책임을 강조하는 무사도 정신과는 너무도 다르기 때문이다.

일본 국기國旗와 국가國歌는 또 어떤가? 메이지 유신 이후, 일본이 서구 열강의 침투로부터 자국민들을 내부적으로 단단히 결속할 매개체로 삼은 것은 바로 천황을 전면에 내세운 국기와 국가였다. 신의 혈통을 이어받았다고 하는 천황의 신화를 이용해 가미노 쿠니神国, 즉 신의 나라를 만들었다. 천황을 신의 자손으로 규정하고, 이를 근대 국가의 지배적 이념으로 내세우기 위해 동양에서 떠오르는 태양을 형상화한 히노마루(일장기)만큼 좋은 표식이 없다고 생각한 것이다.
일본의 국가를 지칭하는 기미가요君が代도 마찬가지다. 누가 작사했는지도 모르는 지금의 기미가요는 1999년 8월 9일 국기 및 국가에 관한 법률이 제정되면서 일본의 공식 국가가 됐다. 내용은 이렇다.

님(천황)의 시대는 천대에서 팔천대에 걸쳐 작은 조약돌이 큰 돌이 되어 이끼가 낄 때까지
君が代は千代に八千代にさざれいしのいわおとなりてこけ のむすまで

천황의 처세를 염원하는, 그러니까 단 한 명의 '님'인 천황이 영원무궁토록 일본을 지배했으면 하는 용비어천가와

같은 내용이다. 태극기에는 한국 독립운동의 상징과 음양의 조화 등 역사와 전통이 얽혀 있고 애국가 역시 민족의 얼과 관련된 내용이지만, 일본의 히노마루와 기미가요는 천황에 대한 이야기일 뿐 국민의 삶과는 전혀 무관한데도 국민들은 이의를 제기하지 않는다. 천황의 신격화는 심지어 전쟁과 침탈의 과정도 합리화하는 형태로 이어졌다. 전쟁과 군국주의가 천황의 힘 있는 이미지와 결합한 결과, 오늘날 일본에서는 우리와 달리 국경일에 아파트 베란다나 주택 문가에 국기를 게양하지 않는다.

가업에 등 돌린 청년들

한국의 많은 기업이 창업 2세대에서 3세대로 계승되고 있는 오늘날, 창업 의지와 기업가 정신이 투철한 후계자들은 가업을 물려받고자 대기하고 있다. 재벌 기업이 아니어도 아버지나 할아버지가 키운 영세 기업을 계승하거나, 아날로그식 경영에 IT 기술을 접목해 벤처 기업으로 성장시키려는 신세대들이 줄을 잇는다.

　　반면 우리가 한때 선망했던 일본의 장인 정신은 오늘날 일본 사회를 후퇴시키는 요인으로 작용하고 있다. 우선 일본에는 100년 이상의 장수 기업만 해도 조사 기관에 따라 3만여 개에서 5만여 개로 전 세계 최고치를 기록하고 있다. 200

년이 넘는, 아니 300~400년도 거뜬히 넘는 초장수 기업도 즐비하다. 1000년을 넘은 기업도 일곱 개나 있으며, 고베에 위치한 곤고구미金剛組는 578년 창업을 시작으로 '전 세계 가장 오래된 기업'이라는 타이틀을 쥐고 있었다.

곤고구미의 역사에는 뒷이야기가 있다. 일본에 불교 문화를 전파하고 싶어했던 쇼토쿠 태자는 현재 일본에서 가장 오래된 사찰인 '시텐노지四天王寺'라는 절을 짓고자 백제로부터 세 명의 건축 장인을 초대했다. 그 가운데 한 사람인 유중광(곤고 시게미쓰·金剛重光)이 바로 앞서 소개했던 곤고구미를 창설했던 인물이다. 1995년 10만 채의 건물들을 붕괴시킨 고베 지진에도 이 기업이 관여한 건물들은 끄떡없던 덕분에 "곤고구미가 흔들리면 일본 열도가 흔들린다"는 말이 생겼을 정도다. 곤고구미는 사찰과 신사 건축의 설계와 시공, 그리고 성곽이나 문화재 건축물의 복원과 수리를 주업으로 해왔는데, 19세기 들어 사찰 건립에 대한 일본 정부의 보호가 없어지고 전통적인 사찰 건축에 철근 콘크리트를 조합하는 새로운 공법이 각광받게 되자 파산에 이를 만큼 타격을 입었다. 결국 건축 패러다임의 변화를 따라가지 못해 경쟁력을 잃고는 2006년 1월, 일본 중견 건설업체 '타카마츠 건설'에 회사 영업권을 넘겨주는 형식으로 흡수 합병되면서 곤고구미는 무려 1429년 역사의 막을 내렸다.

그러나 막을 내린 건 곤고구미뿐만이 아니다. 과거엔 일본 최고의 동경대학을 졸업하고 대기업에 취업했다가도 기업의 대를 잇기 위해 사표를 제출하고 장어 가게 사장으로, 산속 여관 주인으로 돌아간다는 말이 있을 정도로 일본은 가업 승계를 당연시했지만 이제는 아니다. 기업 세습도, 교회 세습도 사회적 지탄을 받는 우리나라와 달리, 일본은 국회의원이 본인의 지역구를 딸이나 아들에게 세습하는 것에 대해서 오늘날까지도 시민들이 큰 반감을 갖지 않는 분위기다. 그런데 이젠 오히려 일본 젊은층들의 인식이 변하고 있다. 일본의 가업 승계 문화가 엄격한 신분제에서 기인했다는 부정적인 인식 때문은 아니다. 조그만 공장에서 작은 부품에 심혈을 기울여 완성도를 높이는 기술자가 되고 싶어하지 않다 보니, 가업을 승계할 사람이 없어진 것이다.

일본에선 가업을 보통 아들에게 물려주지만, 아들이 없거나 능력이 부족할 경우 역량이 뛰어난 직원을 양자로 삼거나 데릴사위에게 자신의 성을 물려주고 가업을 이어가는 경우가 더러 있다. 그래서 노렌와케暖簾分け가 일본을 이해하는 데 중요한 키워드다. 노렌와케는 주인이 종업원을 독립시켜주는 상관습인데, 우선 말단 점원인 데치丁稚로 점포에 입사 후 직급이 오르면서 중간 관리자로서의 데다이手代를 통과하고, 그다음 최고 직급인 반토番頭의 직위에 오른다. 이때 자립을 원할 경우 주인은 자신의 전통적인 상호를 사용해서 분가할 수 있도록 허락해 준다.

그런데 이제는 장남은커녕 데릴사위나 양자를 통한 후계자도 구하기 어려운 시대가 됐다. 유서 깊은 장인이 계승자를 찾지 못해 폐업해 버리는 경우도 부지기수다. 통증이 없는 주사기를 개발하며 한국에서도 장인 정신으로 유명했던 오카노공업岡野工業도 이러한 이유로 지난 2020년 문을 닫았다. 지난해 일본 전국 경영자 연령의 평균은 62세인 반면, 후임자를 찾지 못한 기업의 평균은 훨씬 고령인 68세로 드러났다.[34] 경영에서 벗어나고 싶어도 물려줄 사람이 없어 현장에서 퇴임하지 못하기 때문이다. 특히 몇몇 코어 인력에 의해 혁신이 일어나는 서구 기업 문화와 달리, 일본의 기업 문화에선 본인의 직무에서 맡은 바 최선을 다하는 것이 중요하며 현장을 중심으로 기술이 기업에 축적된다. 그러나 이제는 제조 현장의 고령화와 후계자 문제라는 내부적 요인으로 기술의 노하우는 사장되고, 일본 경제의 경쟁력을 하락시킬 것이라는 전망이 나오고 있다.

이에 대한 대책으로 일본 중소기업청은 2017년 7월부터 '중소기업 사업 승계 5개년 계획'을 통해 중소기업을 재정적으로 지원하기로 했고, 2018년에는 중소기업의 가업 승계를 장려하고자 상속세와 증여세를 전액 유예하거나 면제해 주는 '특례 사업 승계제도'를 도입했다. 2021년 8월에는 후계자가 없어 어려움을 겪는 중소기업의 인수·합병을 전폭 지원하기 위한 고육지책으로 '투자자문업 등록제도'와 '우발 채무 보험제도'까지 실시하기로 했지만, 큰 효과는 보지 못했다. 일본의 시장 조사 기관 제국데이터뱅크에 따르면 2021년 1월부터 10월까지 후계자를 찾지 못해 도산한 기업은 총 369개에 이른다.[35]

손대패로 나무를 깎는 장인의 수작업보다 전동 대패로 순식간에 목재를 깎는 기술이 더 정교하다. 뜨거운 고로를 앞에 두고 바람을 불어 만든 유리병보다 기계로 찍어 낸 그릇이 하자가 적다. 지금 젊은이들은 전통보단 IT, 아날로그보단 디지털에 익숙하다. 1990년대 초 버블 경제가 붕괴되고 잃어버린 30여 년이 흐르기까지, 기성세대에 눌려 지낸 일본의 젊은 세대들에게 야마토 정신이니 전통이니 하는 것이 쉽사리 귀에 들어올 리 없다. 단지 장남이라는 이유로 일본 청년들에게 대패를 잡거나 용접광을 견디라는 것은, 시대착오적인 희생을 강요하는 것 아닐까.

매뉴얼 왕국의 오모테나시

'철도 왕국', '애니메이션 왕국', '성인물 왕국'. 사회 현상을 표현할 때 '왕국'이란 단어를 흔히 사용하는 일본은 '매뉴얼

왕국'으로도 유명하다. 다양한 상황과 환경에 걸맞는 행동 지침이 꼼꼼하고 촘촘하게 매뉴얼화되어 있다는 의미다.

필자가 일본으로 유학을 가서 각종 아르바이트를 하며 학비와 생활비를 충당했던 1992년으로부터 30년이나 지난 지금, 매뉴얼 사회로서의 일본은 크게 변하지 않았다. 빠릿빠릿하던 20대 후반의 필자가 매뉴얼의 답답함을 못 이겨 스스로 일을 처리했을 때는 상사로부터 제재를 받았지만, 오히려 시키는 일을 기존 방식대로 하자 '마지메(성실)'하다는 칭찬을 받아 씁쓸했던 기억이 있다.

편의점에서 아르바이트를 하던 때, 손님이 카운터에 물건을 가져오면 각 상품의 금액을 일일이 말해 주고, 총 몇 가지 물건을 사는지 확인하고 상품의 총액을 알린 후 돈을 받으면 얼마를 받았는지 반드시 손님에게 알려서 확인하도록 했다. 지폐를 받았을 경우 손님 앞에서 지폐를 한 장씩 세어 보여야 했고, 거스름돈을 줄 때는 손에서 손으로 건네면 안 되고 꼭 작은 플라스틱 쟁반에 올려 건네야 하는 등 절차가 복잡했다. 심지어 이를 점장 앞에서 몇 번이고 연습해서 합격해야 했다. 오늘날 일본을 가도 모든 매뉴얼이 변함없이 유지되고 있다. 이러한 규칙을 처음 정할 때는 물론, 규칙을 지키는 후속 과정에서까지 불만 없이 꼼꼼히 원칙을 준수하려는 일본인들의 모습을 쉽게 확인할 수 있다.

한국 사회에도 매뉴얼이 있으나 일본만큼 엄격하진 않다. 점주가 아르바이트생에게 A4 용지 한 장으로 정리된 매뉴얼을 건네주거나, 구두로 간단히 설명 후 나머지는 자율에 맡기는 편이다. 만일 한국인들에게 일본처럼 근무하는 방식을 강요한다면, 고용주 입장에선 일이 일사천리 처리되는 과정을 보며 흡족할지는 몰라도 직원들의 불만은 쌓여 갈 것이다. 일본인들과 달리, 주어진 일만 잘하는 사람이 되고 싶진 않기 때문이다.

지금껏 일본은 꼼꼼한 매뉴얼로 제조업 분야에서 뛰어난 완성품을 생산하며 고도 경제 성장을 이뤄 냈다. 문제는 이것이 습관화되어 매뉴얼이 부재한 상황에선 쉽게 당황한다는 것이다. 2019년 겨울 코로나19가 전 세계를 강타했을 때 일본의 대처는 글로벌 뉴스감으로 자주 도마 위에 올랐다. 특히 요코하마 바다에 승객과 승무원 3711명이 탑승해 있던 크루즈선 다이아몬드 프린세스 호에서 감염자가 발생하자, '인권 침해'에 가까운 선상 격리 조치로 706명의 감염자를 양산할 때까지 일본 정부는 손을 놓고 있었다. 최근 중국의 관광지인 하이난성에서 코로나19 감염자가 발생했다고 모든 관광객을 격리하는 중국의 태도에 대해 인권 유린이라는 거센 비판이 빗발쳤지만, 당시 일본의 상황도 이와 다를 바 없었다. 이유는 단순했다. 매뉴얼이 없었기 때문이다. 선상에서 전염병이 발생한다는 전례 없는 사건을 마주했을 때, 지침에 따라 행동하는 것만이 익숙하던 시민들은 위기에 거의 대응하지 못했다.

물론 매뉴얼도 장단점이 있다. 실패할 확률이 줄어든다. 그러나 그 결과 벤처 기업이나 스타트업 등 리스크를 담보하는 회사에서 일할 때 창의성이 결여되고, 이는 낮은 창업율로 이어진다. 반대로 한국 사회에선 자신이 맡은 일에 있어 방식과 무관하게 결과를 내고 그에 대해 책임지는 분위기가 일반적이며, 오히려 매뉴얼에 없는 일을 처리하는 과정에서 도전 정신을 시험하고 자신만의 전문성을 확보하는 것에 희열을 느낀다. 2022년 통계청 국가지표체계 자료에 의하면 한국은 2016년부터 OECD 주요국가 중 창업률 1위 자리를 지키고 있다. 2019년 기준 창업률이 독일은 9.1퍼센트, 이탈리아는 7.4퍼센트, 일본은 5.8퍼센트였던 데 비해 한국의 창업률은 무려 15.3퍼센트로 매우 높았다.

오모테나시おもてなし로 대표되는 일본인들의 친절 또한 촘촘히 구성된 매뉴얼과 연결된다. 일본인들의 친절은 일종의 '테크닉'처럼 다가오며, 감정 없는 친절에서 감동을 받긴 어렵다. 일본을 처음 방문한 사람들은 겪어 보지 못한 정제된 친절함을 경험하며 비싼 가격 앞에서도 불평 없이 지갑을 열지만, 대부분의 친절은 매뉴얼의 일부일 때가 많다. 그래서 가게 점원들에게 가벼운 부탁을 했을 때 선뜻 응해 주기를 예

상하나, 정작 매뉴얼에 없는 부탁을 하면 스스로 의사 결정을 내리지 못해 주저하거나 상사를 부르러 가는 경우가 흔하다. '빨리빨리' 문화에 익숙한 한국인들은 기다리다 지쳐 '그냥 내가 하고 말지' 하며 그 자리를 떠난다.

이처럼 매뉴얼을 우선시하고 결과에 대한 책임을 회피하는 경향이 일본에선 사회적 특징이자 문화로 자리 잡았다. 일본인들이 성실한 반면 융통성은 부족하다는 말을 듣는 것도 그 때문이다. 그래서 많은 일본인들은 한국에 오면 신세계를 경험한다고 한다. 매뉴얼과 상관없이 지하철에서도 커피숍에서도 크게 수다를 떨고, 전화 통화도 하는 해방감을 느끼기 때문이다.

우리가 알던 일본은 없다

한국인들이 하는 걱정 중 가장 쓸데없는 것 세 가지가 있다. 연예인 걱정, 재벌 걱정, 그리고 일본 걱정이다. 세 번째 걱정은 이제 그만해도 괜찮을 것 같다. 안전 신화, 경제 기적, 친절 문화 등으로 단단히 성장해 온 과거의 일본은 더 이상 경험하기 어렵기 때문이다.

2022년 7월 8일 일본의 아베 전 총리가 나라현 나라시 야마토사이다이지大和西大寺역 앞 거리에서 참의원 선거 유세 중, 전직 해상 자위대원이었던 한 인물로부터 총격을 받아

사망하며 일본 경시청의 경호 능력은 전 세계의 조롱거리로 떠올랐다. 인터넷에는 아베 총격 당시 일본의 SP Security Police 경호 수준과, 2022년 3월 박근혜 전 대통령을 향한 소주병 투척 당시의 경호 수준을 비교하는 사진과 영상이 떠돌았다. 박근혜 전 대통령이 대구 자택 앞에서 대국민 인사를 하던 도중 소주병이 날아들었을 때 경호원들이 순식간에 방어 태세를 갖추면서 박 전 대통령을 엄호한 것과 달리, 아베 전 총리 유세 당시 일본 경호원들은 총성 후에도 3초간이나 우왕좌왕하면서 경호에 소홀한 모습을 보였다. 야마가미란 인물이 아베 연설 중 7~8미터 앞까지 천천히 다가가 첫 번째 발포를 하기까지 그 누구의 제지도 받지 않았을 뿐더러, 1차 폭발음 후에도 아베 쪽으로 몸을 날린 경호 인력은 단 한 명도 없었다는 점에서 일본의 경호 허점은 세계적인 비난을 받았다.

일본의 경호 및 치안 수준은 과거 우리가 생각하던 것처럼 철통같지 않다. 아베 전 총리의 총격 사건뿐 아니라 재일 한국인에 대한 증오 범죄 hate crime 나 무차별 증오 범죄도 하루가 멀다 하고 뉴스에 등장한다.[36] 2021년 10월엔 한 청년이 경제적 파탄에 이르렀다는 이유로 조커 복장을 하고 도쿄 지하철 내에서 휘발유를 뿌리며 방화를 시도하고 칼부림을 한 사건이 TV 뉴스를 하루 종일 장식한 바 있다. 이 같은 범죄나 사건·사고는 일본뿐 아니라 세계 어디서도 빈번히 발생하지만, 일본이 특수한 이유는 바로 높은 치안을 자랑하던 과거에서 기인한다. 밤거리를 혼자 걸어 다녀도 괜찮을 만큼 안전한 나라로서 입지를 다지던 일본은 그 위상이 무너진 지 오래고, 일본의 안전 신화는 이제 말 그대로 '신화'로 남게 됐다.

2018년 10월 국제 자선 단체인 CAF(영국자선지원재단)이 발표한 세계 기부 지수world giving index, 낯선 사람 돕기helping a stranger, 금전적 기부donating money, 자원 봉사 시간volunteering time 등을 살펴보면, 조사 대상 144개국 중 한국이 92위, 일본이 142위에 머물러 있다. 한국도 높은 수준이라고는 할 수 없겠지만 그토록 친절과 이타심을 자랑하던 일본이 142위라는 것이 믿기는가? 그나마 매뉴얼대로 베풀던 호의도, 코로나19 시기를 거치며 일본 사회에서 개인주의가 강해지고 이웃을 배려하는 것이 오히려 나의 건강을 해칠 것이라는 분위기가 형성되며 점점 옅어지는 추세다. 일본의 친절이 마음을 따듯하게 하는 친절이었는지, 아니면 그 친절마저도 매뉴얼이었는지 이제는 돌이켜볼 필요가 있다.

에필로그　　　　　　　　　참외라니…

'한국에는 있고 일본에는 없는 것'. 인터넷에 이런 일차원적이고 직관적인 문구를 검색해 보면 헛웃음이 나올 수도 있다. 바로 '참외'가 검색 결과 상단에 나오기 때문이다. 겉껍질이 노랗고 속살이 어슥어슥한 참외는 우리나라에만 있는 것으로, 영어로 'Korean Melon'이라 부르는 것도 그 때문이다.

이렇듯 한국에는 있지만 일본에는 없는, 또는 한일 양국이 비슷한 듯 다른 것은 수도 없이 많다. 한 나라의 문화는 그 나라의 역사와 전통 속에서 발전해 왔다는 점에서, 이를 다른 문화나 사회 구조와 견주어 우월성을 따질 수는 없을 것이다.

그렇다면 우리는 일본이라는 나라를 어떻게 정의할 수 있을까? 무엇에 주안점을 두는지에 따라 정의는 달라질 것이다. 지리적인 면에 주목한다면 일본은 해가 뜨는 곳, 극동의 나라, 섬나라 등으로 분류할 수 있겠다. 정치적으로 본다면 아직도 천황이라는 호칭을 가진 군주가 상징적인 통치를 하는, 정규군은 없지만 자위대라는 이름의 군대 아닌 군대가 있는 나라, 가끔 우익 정치인들이 역사에 관해 망언하는 나라로 인식할 수도 있다. 경제적인 측면에서는 한때 세계 경제 시장을 들었다 놓았다 할 만큼 엄청난 저력을 자랑했지만, 거대한 버블에 신음하며 지금껏 경기 침체의 고충을 겪고 있는 나라이기도 하다. 역사·문화 측면에서는 고대부터 아시아 대륙 및 한반도와 교류하며 각종 문물의 자양분을 얻어간 나라이자, 서구 문물을 재빨리 받아들여 근대화를 달성하고 한반도를 36년간 통치하며 대륙 침략의 발판으로 삼았던 나라다.

　무수한 접점들 속에서, 우리가 한국이 얼마나 성장해 왔는지를 가늠할 때엔 늘 일본에 대한 감정적 열등감이 서려 있었다. 그런데 이제는 일본과 한국의 성장 수준을 '통계'의 잣대로 비교하는 시대가 왔다. 한국과 일본의 발전 수준이 크게 차이가 나지 않다는 사실을 알고 난 다음부터, 필자는 학생들에게 일본경제론이니 일본경영론, 일본대중문화를 가르칠 때에 일본을 칭찬하거나 선망하는 수위는 점점 낮아져 갔다. 일본이 여전히 한국을 무시하는 뉘앙스를 풍길 때가 더러 있으나 반대로 한국의 저력에 대한 비판에 빗대어 두려움을 드러낼 때도 많다. 2022년 5월, 미국의 바이든 대통령이 일본을 제치고 한국을 먼저 방문한 것, 게다가 청와대도 아닌 삼성전자의 평택 반도체 공장으로 직행한 것이 일본의 입장에선 큰 충격으로 다가왔을 것이다.

　그러나 프롤로그에서 언급했듯, 이 책에서 강조하려는 것은 반일이나 친일이 아니다. 활용 가치가 높은 일본과의 관계에서 이제는 극일克日을 통해 용일用日을 채택해야 한다. 일본의 기술력과 경제력에 대해서는 인정하되, 한국의 정치·경제·문화적 상황이 일본보다 뒤처져 있으며 그것이 우리의 게으름 때문이라고 치부하는 오류는 피하자. 대일 관계를 설정할 때 지표만큼이나 중요하게 작용하는 것은 국민의 감정이다. 한일 간 격차가 줄어들기 어려울 것이라는 현상 유지 편향status quo bias은 이제 벗어나야 한다. 특히 한 나라를 인식하고 이해하는 국제 분야는 초두효과primacy effect가 강한 만큼, 중등 교육 과정에서 일본이 한국을 앞선 선진국이라 지칭하는 것도 이제는 멈추자. 한국의 도약을 발목 잡는 동시에 시대에 뒤처진 관점이다.

'일본에게만큼은 가위바위보도 지면 안 된다'고 생각하던 50~60대의 구세대는 지나가고 있다. 지금의 젊은 세대는 일본을 그저 전 세계 200여 개국 중 하나, 혹은 자유 여행하기 좋은 나라 정도로 무덤덤하게 받아들인다. 일본에서도 마찬가지다. 우익 세력은 고령화에 접어들며 지나가고 있고, 정치적 성향과 무관하게 한류를 좋아하는 젊은 청년들은 늘고 있다. 이런 새로운 세대 간에 '보이지 않는 손'이 작용해 한일 관계가 개선된다면, 한국과 일본은 우열을 따지는 관계에서 벗어나 다름을 인정하는 타자other로서의 관계로 나아가지 않을까? 참외처럼 말이다.

주

1 _ 송충현, 〈삼성-LG, 세계 TV시장 점유율 50%대… 1년만에 회복〉, 《동아일보》, 2022.5.25.

2 _ 1988년 일본의 반도체 점유율은 50.3퍼센트로 전 세계 매출 상위 10대 기업 중 6개가 일본 기업이었으나, 이후 국제 사회에서 경쟁력을 잃으며 현재는 10퍼센트의 점유율(50조 엔 규모)로 떨어졌다.

3 _ 中山淳史, 〈トヨタやNTTが出資次世代半導体で新会社、国内生産へ〉, 《일본경제신문》, 2022.11.10.

4 _ 총무성, 〈통신이용동향조사〉, 2022. 5. 27. 참고로 통신이용동향조사는 40만여 세대 및 6000여 개의 기업을 대상으로 작성한 보고서로, 매년 총무성에서 진행하고 있다.

5 _ 고선규, 〈도장에 집착하는 일본, 도장문화에서 벗어날 수 있는가〉, 프레시안, 2021.08.24.

6 _ 이태동, 〈'脱도장' 쉽지않네〉, 《조선일보》, 2020.10.10.

7 _ 〈経団連会長、はんこは「ナンセンス」〉, 《산케이신문》, 2020.4.27.

8 _ 〈いまだにフロッピ-ディスクなど指定、法令に１９００項…河野デジタル相「早期に見直し」〉, 《요미우리신문》, 2022.8. 30.

9 _ 이해준, 〈잘못 송금된 지원금인데…4억 넘게 받고 "다 썼다" 버틴 일본인〉, 《중앙일보》, 2022.4.23.

10 _ 김민지, 〈'20년 과제' 전자정부 이끌 디지털청 출범〉, 《신문과방송》, 2021년 10월호.

11 _ 디지털청 설치법(2021년 법률 제36호)에 근거해 설립된 디지털청은 약 600명의 직원으로 구성되어 있다. 이 중에는 민간 부문 출신 200여명이 포함돼 있는데, 민간 출신의 전문 인재를 발탁한 것은 관민이 함께 행정 및 사회 전반의 디지털화를 추진하는 과정에서 주요 의사 결정 과정에 참여하도록 하기 위함이었다.

12 _ 경제산업성, 〈성장전략실행계획〉, 2021.6.18., 5쪽.

13 _ 村松洋兵, 〈中韓勢, 東南アジア市場でEV先手長城汽車や現代自動車〉, 《일본경제신문》, 2021.7.22.

14 _ 연선옥, 〈일본차 텃밭 인도네시아에서...현대차 '아이오닉5' 돌풍〉, 《조선일보》, 2022.5.1.

15 _ 박경수, 〈한국 · 인도네시아 경제협정 타결.. 일본차 점유율 뺏어올 수 있을까?〉, 데일리카, 2019.11.26.

16 _ 수출 규제를 명시한 바로 다음날, 일본 메이세이대학 호소카와 마사히코(細川昌彦) 교수는 "징용공 문제는 일본 국내의 정치 문제일 뿐 수출 규제와 관련시킬 수는 없다"고 인터뷰했다. 《일경비즈니스》, 2019.7.5.

17 _ 산업통상자원부, 〈소재 · 부품 · 장비 경쟁력 강화 2년 성과 대국민 보고〉, 2021.7.1.

18 _ 하코야 데쓰야, 〈우책의 극치(愚策の極み)〉, 《아사히신문》, 2021.7.3.

19 _ 곽민재, 〈"궁하면 통한다"…'탈일본 성공' 반도체 소 · 부 · 장 기업들[일본 수출규제 3년]〉, 《아시아경제》, 2022.6.30.

20 _ 이영희, 〈한일관계 전문가들 "경제안보협력 차원에서 수출규제 풀어야"〉, 《중앙일보》, 2022.8.26.

21 _ 새롭게 부상한 패권국이 기존 패권국에서 보여 준 리더십을 제대로 발휘하지 못할 때 발생할 수 있는 위기를 의미한다. 미국의 MIT 교수이자 마셜 플랜(Marshall Plan)을 입안했던 찰스 킨들버거가 《대공황의 세계 1929~1939》에서 기존 패권국이었던 영국의 자리를 차지한 미국이, 신흥 리더로서의 역할을 제대로 하지 못한 결과 대공황이 생겼다고 설명한 데서 유래한 개념이다.

22 _ '보통국가'는 일본 정치인 오자와 이치로(小沢一郎)가 1993년 《일본개조계획》이라는 책을 발간하면서 소개한 개념으로, 일본이 군대를 보유하지 않은 특수한 국가가 아니라 세계 평화에도 공헌하는 동시에 스스로의 안전 보장도 책임질 수 있는 '보통국가'

가 돼야 한다는 내용이 골자다.

23 _ 집단 자위권은 동맹국이 제3국으로부터 무력 공격을 받았을 때 이를 자국에 대한 침략 행위로 보고 반격할 수 있는 권리로, 1945년 유엔 헌장 51조에 의해 모든 회원국들에게 부여된 권리다. 박형준, 〈아소 다로 "中, 대만 침공시 日 집단적 자위권 발동 할 수 있다"〉,《동아일보》, 2021.7.6.

24 _ 강기준, 〈행군하는 40대 · 낙하하는 50대.. 日자위대도 고령화〉,《머니투데이》, 2018.9.18.

25 _ 部谷直亮,〈自衛隊幹部が異様な低学歴集団である理由〉, PRESIDENT, 2018.10.1.

26 _ 강선아, 〈한국의 방위산업정책 및 방산원가제도에 관한 비교연구〉,《전산회계연구(KCAR)》제18권 제2호, 2020., 119쪽.

27 _ 김청환, 〈CNN "K방산, 미국산보다 싸면서도 위력적... 이미 메이저리그 수준"〉,《한국일보》, 2022.8.18.

28 _ 좌동욱 · 김인엽, 〈원전 · 방산 · 전기차까지…尹, NATO 정상들과 숨가쁜 '세일즈 외교'〉,《한국경제신문》, 2022.6.30.

29 _ 滝田洋一,〈次期戦闘機を日米で開発三菱重土導、ロッキードが支援〉,《일본경제신문》, 2020.12.11.

30 _ 국방기술진흥연구소, 〈국가별국방과학기술수준조사서〉, 2021.10.

31 _ 일본의 무신정권인 막부(幕府)의 쇼군은 형식적으로는 천황으로부터 임명되지만 실질적으로는 일본의 지배자로 군림했다. 다이묘는 지방의 번주(藩主)로서 막부의 쇼군과 주종 관계를 맺어 토지와 인민을 지배하는 역할을 했으며, 이러한 체제를 막번체제(幕藩)라고 한다.

32 _ 진사이는 비록 학자의 집안이 아닌 상인의 아들로 태어났지만 학문에 관심을 두고 주자학을 공부하다 주자학의 모순을 깨닫고선 새로운 학문인 고의학(古義學)을 세우며

일본 유학에 큰 영향력을 끼친 인물이다.

33 _ 도쿄대학 법학부 교수였던 마루야마 마사오는 일본의 정치 사상 및 파시즘 등과 관련한 다수의 논문을 발표하면서 전후 일본 민주주의의 대표적 학자로 자리 잡았으며 대표적인 연구서로《일본정치사상사연구》가 있다.

34 _ 도쿄상공리서치,〈社長の平均年齢は62.49歳、高齢の社長ほど業績悪化が鮮明に〉, 2021.8.4.

35 _ 안타깝게도 이 분야는 한국 역시 자유롭지 못하다. 우리나라는 일본의 사업 승계제를 참고해 '가업 상속 공제' 제도를 운영하고 있지만, 일본보다 까다로운 조건 때문에 실질적으로 혜택을 보는 중소기업이 많지는 않다. 한국에서 가업을 물려줄 때 상속세율은 최고 60퍼센트에 달하고 실효세율은 일본의 12.95퍼센트에 비해서도 높은 28퍼센트에 달한다.

36 _ 2021년 7월 나고야(名古屋)시 민단 건물 방화 사건이 발생했고 한 달 뒤인 8월에는 재일 조선인 집단 거주지인 교토(京都)의 우토로 마을의 빈집 방화 사건, 그리고 12월에는 오사카의 민단에 해머를 던져 유리창을 파손한 사건 등이 연이어 발생했다.

북저널리즘 인사이드   새로운 한일 관계를
그리다

"대한민국에 일본은 '걸림돌'이 아닙니다. 깨어 있는 시민의 힘으로 내일의 대한민국을 만들어 나갈 '디딤돌'일 뿐입니다."

지난 2019년 어느 여름날 버스에 올랐을 때 유리창에 붙은 한 포스터를 보고 놀란 기억이 있다. 서울특별시버스운송사업조합에서 공식적으로 내건 일본 불매 운동의 캠페인 포스터였다. 당시 한일 무역 분쟁의 여파로 국내 노재팬 운동의 열기는 뜨거웠다. 번화가의 유니클로 매장은 전례 없이 한산했고, 무인양품 쇼핑백을 들고 거리를 걷는 것은 공공연한 금기였다. 기린 이찌방, 아사히 등의 일본 맥주는 편의점 한 켠에서 자취를 감췄고 원산지 표시 및 대체 상품 정보를 제공하는 웹사이트 '노노재팬'까지 등장했다. 이에 더해 유니클로 본사 임원 오카자키의 "한국 불매 운동의 영향은 오래가지 않을 것으로 생각하고 있다"는 발언은 한국 국민의 공분을 사, 공식 사과문을 두 차례 이상 발표하는 해프닝으로 번졌다.

이러한 일제 불매 열풍은 다수 국내 기업이 반등하는 계기가 됐다. 일본 브랜드가 점유하고 있던 SPA 패션, 맥주와 같은 라이프 스타일 산업뿐 아니라 대일 의존도가 높던 소재 · 부품 · 장비 산업의 국산화는 본격화했다. 아스플로, 엑시콘, PSK 등 국내 강소기업이 반도체 부품 및 장비 산업에서 두각을 보였고 삼성 및 SK하이닉스와 같은 관련 대기업에 대한 정부 지원도 확대됐다. 국내 소부장 시장에선 솔브레인, 동진쎄미켐, 인텍플러스와 같은 기업들이 새롭게 들어서며 일본의 소부장은 대체 불가능한 것이라는 믿음은 빠르게 깨졌다.

그러나 경제·산업적 분쟁과는 별개로 일제 불매 운동은 내게 여전히 이례적인 현상이자 의문으로 남아 있다. 강요할 수 없고 하기도 어려운 "국산품 애용"이라는 의제가 그전까지만 해도 낡고 공허한 의제로 들린 탓도, 저자의 말처럼 일본이 식민 지배의 전범국이 아닌 "전 세계 200여 개국 중 하나"로 인식되던 탓도 있다. 혹은 세련된 디자인과 정교한 품질을 자랑하는 제품을 양산해 내는 나라로 일본을 그리던 와중, 개인의 선택에 앞서 국가적 차원의 불매를 장려하는 사회적 분위기가 위압적으로 느껴진 까닭도 있다.

실제 한국 사회 내 반일 정서는 청년 세대를 중심으로 감소하는 추세다. 글로벌리서치가 2021년 6월 전국 만 18~39세 남녀 1000명을 대상으로 '가장 싫어하는 나라'를 조사한 결과 '일본'이라고 응답한 사람은 31.2퍼센트였으나, 해당 표본을 만 18~24세로 좁혔을 때 그 비율은 22.8퍼센트로 약 10퍼센트 감소했다. 일본에서도 한일 관계에 대한 인식은 연령에 따른 차이가 벌어지고 있다. 일본 동아시아연구원 2021년 연구 보고서에 따르면 '대중문화 소비와 한국에 대한 인상'을 물었을 때 "좋은 인상을 갖게 된다"는 60세 이상의 응답자는 11.4퍼센트에 불과했던 반면 20대 응답자는 30.9퍼센트, 20세 미만 응답자는 66.7퍼센트로 매우 높았다.

　　2019 무역 분쟁 그 이후, 각기 새 정부를 맞이한 한국과 일본은 3년치 외교 성적표를 앞에 두고 새로운 관계 설정의 모멘텀을 맞고 있다. 이때 저자는 경제적 지표만큼이나 국민적 정서를 강조하며, 그 정서의 핵심엔 일본의 젊은 세대가 있다. 리만 브라더스 사태를 겪으며 미래에 대한 불확실성을 전제로 한 세대, 소셜 미디어로 연결되는 감각이 자연스러운 세대. 가치와 체험을 추구하며 지속 가능한 미래에 목소리를 내는 이들은 한국의 젊은 세대와도 많은 부분 닮아 있다.

　　과거와는 다른 방식으로 연결하고 표현하는 한국과 일본의 젊은 층은 기존 '일본관', '한국관'의 틀을 깨고 있다. 이들에게 상대국은 외교 분쟁의 걸림돌도, 경제 성장의 디딤돌도 아니다. 한일 관계의 구조적 불평등을 역사로 학습해 온 기성세대와 달리, 기술과 콘텐츠로 한국의 젊은 층과 정서적 교감을 나누는 신세대로부터 우리는 새로운 한일 관계의 실마리를 찾을 수 있다.

이다혜 에디터